KB036109

들어줄게요,
당신이
괜찮아질 때까지

지독히 아파본 당신에게 전하는 문학치유 처방전

들어줄게요, 당신이 괜찮아질 때까지

전미정 지음

Humanist

알아두기

· 주요하게 다루고 있는 24개 심리 상담 주제는 각각 독립적으로 다루어져 있지만, 다른 주제와 맞물려 연동되어 있다. 따라서 어떤 주제를 먼저 읽어도 상관없으며, 앞서 읽은 주제가 다음에 읽는 다른 주제를 통해 더 깊이 이해될 것이다.

· 각 장에서 다룬 상담 이론과 출처, 부연 설명은 미주에서 따로 다루었다. 특히, 각 주제 끝에 있는 '문학치유 처방전'은 작은 활동이지만 스스로 해보길 권한다. 달콤 쌉싸름하고 매혹적인 문학치유의 진수를 맛보게 될 것이다.

· 이 책을 텍스트로 삼아 (주 1회씩) 정기적으로 모여 마음을 나눌 수 있는 문학치유 집단을 만들어 참여하면 효과는 배가 될 것이다.

10여 년 동안 문학치유 강좌, 문학치유집단,

그리고 상담실에서 만났던 그/녀들에게 이 책을 바치고 싶다.

생면부지의 마음들이 만나 뜨거운 삶의 동지가 되어,

서로 마음을 다독이며 함께 울고 웃었던

그 따스한 기운으로 이 책을 끝까지 써낼 수 있었다.

머리말

지독하게 아파본 자들이
따뜻한 치유자가 되어

 문학과 동행한 지 서른다섯 해, 상담과 동행한 지
열세 해가 지났다. 문학의 길을 걷다 뜻밖에 만난
상담은 내 인생에 일대 혁명과 같았다. 그때부터 문학은 이전과
완전히 다른, 상상하지도 못한 놀라운 치유의 풍경을 내게 선사
하기 시작했다. 문학이 그토록 강렬하고 절실하게 말 걸어왔던
적이 있었을까.

사실 심리 상담의 핵심 주제들은 인류 초기부터 시작된 이야
기의 단골손님이었다. 그래서였나 보다. 상담책을 읽노라면 왠
지 소설책 같았고, 소설책을 읽노라면 왠지 상담책 같았다. 임
상 사례는 소설처럼 읽혔고, 소설은 실제 사례를 베꼈다는 착각

까지 일으켰다. 작품 속 인물들이 어쩌면 하나같이 상담실에서 만나는 내담자들과 쏙 빼닮았는지 신기하기만 했다.

심리의 렌즈에 잡힌 다채로운 마음의 문제와 마주칠 때마다, 이런 심리의 정체를 진작 알았더라면 좋았을걸, 안타까움이 밀려왔다. 다른 사람들도 이걸 알면 좋을 텐데, 절실함이 더해만 갔다. 심리의 정체는 혼자만 알기엔 정말 아까운 보물이었으므로. 게다가 아프고 위태로운 인간 군상들은 어느새 삶의 큰 스승이 되어 나 자신을 겸허하게 만들었으며, 고맙게도 삶의 아픔을 감쪽같이 덜어주는 치유자가 되어주었다.

먼저 환자였던 자가 지금 아픈 이를 돌보는 일이 치유요, 상담이라고 하지 않는가. 마음 저 밑바닥이 타버릴 정도로 절절하게 애끓어보거나, 끔찍한 불면의 밤 한가운데 홀로 내동댕이쳐지거나, 도저히 삶을 감당할 수 없어 데굴데굴 굴러본 적이 없다면 어찌 타인의 아픈 마음을 부둥켜안고 위로해줄 수 있겠는가. 이 책에 실린 사례의 주인공들은 이 책을 읽는 당신보다 앞서 지독히 아파본 사람들이었다. 그러니 이 글은 분명 당신에게 '괜찮다'는 위로를 건네리라.

하지만 위로만으로는 부족하다. 그런 책은 지금도 차고 넘친다. 이 책에 담긴 '24개의 심리 상담 주제'는 그저 위로받는 수

동적인 읽기를 넘어 '아하, 내 마음이 그래서 이렇구나', 알아차리도록 이끌리라. 자신의 심리가 어디에서 유래했는지 그 정체를 모르면 무의식에 속아 삶이 농락당하기 쉽다. 가령, '투사적 동일시'나 '악마 연인'과 같은 병적 심리는 관계를 망치는 전형적인 심리 주범임에도 이 정체를 몰라 인생을 파산하는 경우가 의외로 많기 때문이다. 자신의 심리를 아는 일이야말로 삶의 질을 가르는 결정적 열쇠가 될 수 있다. 이만큼 절박한 지식이 또 있을까.

이 책에서 다루고 있는 심리 문제들은 실제 상담 사례와 쏙 빼닮은 시나 소설, 드라마, 영화에서 빌려와 개작한 이야기들이다. 극적인 이야기에 상담 개념을 녹여, 각 주제에서 다루고 있는 어려운 상담 이론을 이해하기 쉽도록 구성했다. 사례를 읽어 가노라면 주인공의 이야기가 다름 아닌 바로 당신의 이야기이자 가족 이야기이고 지인들의 이야기였음을 깨닫게 될 것이다. 그리하여 책장을 열기 전까지 오리무중에 빠져 있던 가족 문제, 연애 문제, 진로 문제, 부부 문제, 대인관계 문제, 불안 문제, 성장 과정 문제, 정체성 문제의 실마리가 잡히고, 난삽한 삶의 퍼즐이 하나씩 맞춰지는 경험을 하게 되리라. 가벼운 증상을 겪고 있다면 그 증상이 다소 완화되고 진정되는 작은 기적도 체험할 수 있으리라.

  우리는 하루가 멀다고 몸을 씻지만 정작 마음에는 그리하지 않는다. 잘 씻어주지 않으면 마음에도 때가 끼고 악취가 풍기는데도 말이다. 그렇게 마음을 씻는 일이 상담이나 치유이다. 그러므로 상담이나 치유는 특정인에게만 주어지는 숙제가 아닌 거다. 가벼운 때든 묵은 때든, 마음을 씻기 위해 모여드는 인생 목욕탕, 이 책이 그린 공간이었으면 좋겠다. 헛헛하고 팍팍한 삶을 붙들고 씨름하는 이 땅의 많은 삶의 동지들이 이야기 속 인물들과 섞여서, 속상하고 답답하고 상처받고 불편했던 마음의 묵은 때를 벗겨내고 '나보다 더 아름다운 나'를 만나고 돌아갔으면 좋겠다.

  자 그럼 이제, 망설이지 말고 상담실 문을 두드려주시기를.

2019년 2월
전미정

차 례

ROOM 3 꽃보다 아름다운 당신에게

ROOM 4 이제 손을 내미는 당신에게

Room 1

관계가
어려운
당신에게

태초에
관계가 있다

: 관계 패턴

서로 잔을 채우되 한쪽의 잔으로만 마시지 말 것이며,
서로 빵을 주되 한쪽의 빵만 먹지는 말라.

– 칼릴 지브란, 〈결혼에 관하여〉 중에서

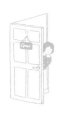

가슴에 대못을 박는 사람과
연애하는 이유는 ○

"하다 하다 쪽박신세가 될 줄이야. 정말 지긋지긋해요."

푸념이었다. 환멸이 서린 푸념이었다. '치다꺼리' 님[1]은 지금
'똑같은 사람'과 세 번째 연애 중이라고 했다. 그 말을 듣자마자
아하, 헤어지길 반복하는 거로구나 넘겨짚었다. 그동안 상담실
에서, 10년을 두고 헤어지고 다시 만나고를 반복하는 짝을 여러
번 봤으니까.
　그런데 이야기를 하다 보니 이번 경우는 뭔가 조금 달랐다.
'치다꺼리' 님이 말하는 '똑같은 사람'이란 한 사람이 아니라

무려 세 사람을 통칭한 거였다. 이쯤 되면 슬슬 호기심이 발동할 만도 하다. 그럼 쌍둥이였다는 말인가, 도플갱어라도 된다는 말인가. 하지만 이 사연에다 그런 호기심을 들이미는 건 저열하게 보일 수도 있다. 똑같은 사람을 계속 만나게 된 우연 같은 필연은 흥미로운 주제라기보다 치유의 주제에 더 가까워 보였기 때문이다.

세 번째 연애가 시작되고 석 달이나 지났을까. '치다꺼리' 님의 친구들이 보인 반응이다. "하는 꼴을 보면 저번 그 사람이랑 뭐가 다르냐", "애인을 붕어빵 구워내듯 하냐", "그렇게 치를 떨고 헤어지더니 만난 인간이 또 그 모양이냐"라며 대놓고 한심하다고 불퉁거렸단다. '치다꺼리' 님의 별칭에서 눈치챘겠지만, '똑같은 사람'이란 뒤치다꺼리를 하게 만드는 점이 똑같은 사람이란 뜻이다.

오랜 친구들이 '치다꺼리' 님에게 붙여준 별명은 따로 있었다. '자린고비 연구소장'. 차비를 아끼느라 폭염에도 몇 정거장을 걸어 땀으로 범벅이 되는 건 다반사였고, 점심은 달랑 김치와 달걀만 든 1970년대 도시락에, 화장품은 샘플로 연명하고, 겨울에도 외투 한 벌로 버티고, 흔해 빠진 방한화는커녕 얇은 운동화 한 켤레로 버틴단다. 남부럽지 않은 돈벌이를 뻔히 아는 지인들이야 청승맞다고 빈정거릴 만도 했다. 하지만 막상 그 사정을 모르는 사람들 눈에는 안쓰러움과 불쌍함 그 자체였다. 무모한 건지 순진한 건지 '치다꺼리' 님은 버는 족족 '똑같은 사람'에게 갖다 바쳤다. 그것도 세 번씩이나 말이다. 상대는 연애 대상이 아니라 기부 대상이었다. 그녀는 갈수록 쪼그라들고 '똑같은 사람'은 갈수록 신수가 훤해지고.

세 번째 '똑같은 사람'도 첫 번째 '똑같은 사람'이나 두 번째 '똑같은 사람'과 같았다.[2] 남들 앞에서는 버젓이 남편처럼 행세 했지만 결혼식이나 혼인신고를 했던 사람은 단 한 사람도 없었 다. 결혼할 마음도 없으면서 이용만 한 거였다. 결혼이 무슨 계 절 행사라도 된다는 듯이 이번 가을엔, 내년 봄엔, 이번 가을엔, 내년 봄엔… 후렴구처럼 같은 말만 반복했단다. '치다꺼리' 님 이 나이 사십 줄을 넘어선 지도 이미 오래다. 그녀에게 남은 건 거액의 빚과 탄식, 바람 잘 날 없던 연애와 그로 인한 화병火病, 그리고 핏기 없는 얼굴에 민망한 잡티뿐이다. 믿었던 만큼 뱃속 에서 복수심이 부글부글 끓을 수밖에.

이보다 더 나쁠 수 없는 연애의 역사 앞에서 상담사도 숨이 턱 막혔다. 생애 초기에 중요한 대상[3]에게서 박탈감을 심하게 경험하게 되면 성장하고서 특이한 모습으로 살아갈 수 있다. 흔히 말하는 나쁜 남자나 나쁜 여자만 골라 사귀는 경우다. 자신도 모르게 피학자나 박탈자 역할을 맡게 된다. 반대로 일방적으로 베풀어주어야 하고 돌봐주어야 하는 사람만 골라 사귀기도 한다. 헌신자나 구원자를 자처하는 꼴이다. 박탈자나 구원자는 전혀 다른 역할이지만, 따로 또 같은 방법이라는 점이 흥미롭다. 둘 다 생애 초기에 굶주리고 허기진 마음을 채우려는 보상심리에 뿌리를 두고 있기 때문이다. 박탈자가 되어 뺏기고 살든, 구원자가 되어 퍼주고 살든, 그들은 일방적인 희생자라는 점에서 동일하다. 그래서 칼릴 지브란이 경고했다.

Fill each other's cup but drink not from one cup.
서로 잔을 채우되 한쪽의 잔으로만 마시지 말 것이며,

Give one another of your bread but eat not from the same loaf.
서로 빵을 주되 한쪽의 빵만 먹지는 말라.

– 칼릴 지브란, 〈결혼에 관하여〉 중에서

왜 이렇게 경고했을까. 한쪽이 다른 한쪽의 빵만, 잔만 계속 먹고 마시면 '착한/나쁜' 관계 패턴에 갇히기 때문이다. 이러면 관계는 불구가 되고 만다. 그렇다고 한쪽의 빵을 먹는 사람만 비난할 수도 없다. 손바닥도 양손을 마주쳐야 소리가 난다. 관계도 마찬가지다. 자신의 빵을 먹도록 놔두는 착한 사람이 없으면 그 빵을 계속 먹는 나쁜 사람도 없다. 이렇게 이야기한다고 한쪽의 빵만 얻어먹는 쪽을 옹호하거나 두둔하는 게 아니다. 예외가 있긴 하나, 대부분의 관계는 쌍방이 함께 만들어가기 때문이다.[4] 그렇기에 한쪽의 빵만 약탈하며 먹는 쪽도 그걸 내버려둔 쪽도 똑같이 면죄부를 받을 순 없다. "진상은 호구가 만든다"라는 시쳇말이 영 틀린 게 아니라는 걸 살아본 이들은 안다.

나쁜 사람이 자신의 빵을 계속 먹게 내버려둔 것도 잘한 일은 아니다. 그러므로 나쁜 사람에게 ×를 붙여 '나쁜×'라 부른다면, 착한 사람에게도 똑같이 ×를 붙여 '착한×'라고 부를 수 있다는 이야기다. '치다꺼리' 님이 그랬다. 그 '똑같은 사람'들도 처음엔 그녀의 빵을 먹으며 조심스러웠고 고마워했으리라. 한데 먹다 보니 편하고 좋은 거다. 그러니 갈수록 뿌리치기 힘들어진다. 게다가 군소리도 없으니 얼씨구나다. 뻗을 곳을 보고 다리도 뻗는 법이다. 점점 갖다 먹는 빵의 양이 늘고 횟수도 는다. 그러다 '착한×/나쁜×' 관계로 굳어버린다. 그리고 이런 관

계에 익숙한 사람들은 다른 사람을 만나더라도 이런 가피학적 관계를 되풀이할 가능성이 매우 높다.[5]

부모를 데리고 결혼한 탓 ○

내가 먼저 세상에 존재하는가, 대상이 먼저 세상에 존재하는가. 너무 뻔한 질문 같아 보인다. 내가 존재해야 대상이 존재하는 거 아니겠는가. 내가 존재하지 않는데 대상이 어떻게 존재하겠는가.

그럼 태어나서 어떤 대상도 만나지 않고 오랜 세월을 혼자 지냈다고 상상해보자. 무슨 일이 일어날까. 대상 없이는 어떤 사람도 자신이 누군지 알 수 없다. 어떤 대상과 관계를 맺으면서 그 관계 속에서 인간은 자신이 어떤 존재인지를 알 수 있기 때문이다. 그래서 심리학자 하인츠 코헛Heinz Kohut이 내린 답이 있다. 인간은 몸만 가지고 살 수 없다고, 사람들과 관계를 맺지 않으면 살아갈 수 없다고. 저 사람이 나를 예쁘다고 쓰다듬는 걸 보니, 나는 사랑받을 자격이 있구나 생각하게 된다. 그러면 자신을 사랑해주는 사람을 만나게 될 확률이 높아진다. 저 사람이 나를 비난하는 걸 보니, 나는 잘하는 게 없는 사람이구나 생각하게 된다. 그래서 비난받으면서도 당연한 듯 살아가게 된다.

그래서 생애 초기에 어떤 대상과 관계를 맺는지가 중요해지는 거다. 그걸 알았을까. 아리스토텔레스는 이미 오래전 갓난아이는 정신이 백지상태로 태어난다고 보았다. 생애 초기의 양육자는 아이의 정신에 그 아이가 살아갈 삶의 초고를 쓰는 작가일 수 있다. 뇌 과학에선 이걸 아기의 뇌를 부모가 배선한다고 표현했다.

> 종이는 펜이 쓰는 모든 글자들을 고스란히 받아주었다,
>
> 펜 아래서 달아나지 않고
>
> 종이를 향해 쏟아지는 펜의 뜨거움 때문에
>
> 종이는 얼마나 아팠을까?
>
> — 이선영, 〈종이를 아프게 하다〉 중에서[6]

세상에서 어머니와 아이의 관계만큼 강력한 관계는 없다. 강력한 만큼 이후 삶에도 막강한 영향을 미친다. 엄마와의 초기

관계는 아이가 성장하여 만나게 되는 관계의 원형이 되기에 그렇다.[7] 초기 대상이 자신을 아프게 했다면, 생애 초기에 구멍 난 그 정서적 결핍을 만회하려고 안간힘을 쓰게 되리라.

그런 보상심리가 강할수록 연애나 결혼을 멍들게 할 수도 있다. 기대가 크면 클수록 실망의 진폭도 커지기 때문이다. 사랑하게 된 그/녀가 내 부모가 해주지 못한 사랑을, 보호를, 칭찬을, 인정을 해주리라는 헛된 환상에 빠진다. 환상이 클수록 현실은 더 초라하게 느껴지는 법이다. 채워지지 않으니 허기지게 된다. 허기지니까 더 애타게 매달린다. 그러다가 서로 목을 조이는 사이가 되어버린다.

그 오징어 부부는

사랑한다고 말하면서

부둥켜안고 서로 목을 조르는 버릇이 있다

— 최승호, 〈오징어 3〉[8]

그/녀와의 관계는 오징어 부부와 닮아간다. '치다꺼리' 님도 그랬다. '똑같은 사람'들에게 목이 조이면서도 부둥켜안고 살아간다. 아니 목이 조일수록 더 힘껏 부둥켜안는다. 누가 처음에 먼저 목을 조르기 시작했는지 따지는 건 무의미하다. 지금, 여전히 서로 목을 조르고 지낸다는 사실이, 그리고 다른 사람을 만나도 또 그런 관계를 반복한다는 사실이 중요하다.

가만히 생각해보라. 내 쪽에서만 어떤 희망을 품었겠는가. 내가 그랬다면 상대도 어떤 희망을 품었음이 맞다. 내가 선택한 대상도 나랑 똑같이 자신의 부모가 채워주지 못한 결핍을 내게서 메우기를 소망했으리라. 두 사람만 결혼해야 하는데, 생애 초기에 관계 맺었던 부모까지 데리고 네 사람이 결혼을 한 탓이다.

관계의 재난을 벗어나려면

20대나 30대가 상담을 의뢰하는 경우는 크게 두 가지다. 부모와의 갈등 아니면 연애 문제다. 실은 이별의 위기나 실연의 아픔을 이기지 못해 오는 경우가 훨씬 많다. 상담료를 내고 하는 이야기가 고작 연애 이야기란 말이냐. 과연 그럴까. 연애를 고작이라고 하면 곤란하다. 연애 문제는 해결되지 못한 부모와의 문제를 노출하기 때문이다. 영화 〈이터널 선샤인〉을 보라. 부모에게 형편없는 아이로 대접받은 여자 주인공은 "네 옆에 있으면 내가 싫어져"라는 느낌을 주는 남자 친구만 만난다. 우연이겠는가. 본인이 자신을 비참하게 만드는 사람을 선택한 거다.

이렇게 반복되는 병적 관계에서 벗어나려면 한 번쯤은 자신이 걸어온 연애 역사를 꼭 돌아보아야 한다. 사람만 바꿔가면서 똑같은 연애를 하고 있지는 않은가? 가피학적 관계, 맹종 관계, 무덤덤 관계, 희생 관계, 보호 관계, 의존 관계, 비난 관계 등등. 연애나 결혼의 대상만 바꾼다고 달라지는 건 없다. 도대체 내가 뭘 하고 있었단 말인가, 뭘 하고 싶었던 것일까, 스스로 물어야 한다. 자신이 왜 그러는지를 먼저 알아야 불행을 자초하던 잘못된 행동을 수정할 수 있을 테니까.

그렇다. 이쯤 되면 대상에게서 그만 눈을 떼고 자신에게 눈길을 돌려보자. 생애 초기 대상관계에서 비롯된 익숙한 역할이나 반복되는 행동은 없는지 말이다. 그래야 서로 목을 조르는 관계의 재난을 막을 수 있기에.

문학치유 처방전

:관계 패턴

▌양선희의 시 〈나는 저항하지 않겠다〉를 읽어보고 시에서 말하는 '못'을 음미해봅시다. 그리고 과거나 현재 자신의 관계 유형이나 관계 패턴에서 자신이 '박탈자'나 '전능자' 역할을 고집하는 건 아닌지 돌아보세요. 또한 생애 초기 주요한 양육자와 맺었던 관계를 돌아보는 시간을 가지면 좋겠습니다. 우리 누구도 과거를 바꿀 수는 없습니다. 다만, 과거의 영향력에서 벗어날 수는 있습니다. 그러기 위해서는 과거가 당신에게 어떤 영향을 끼치고 있는지를 정확히 아는 게 중요합니다.

▌이 작업이 자신 또는 상대를 비난하는 일이 되어서는 곤란합니다. 인간은 누구나 불완전한 존재이기에 지속해서 관계를 방해하는 갈등의 원천을 찾으려는 겁니다. 자신이 모르는 관계 패턴이 있음을 알아야 갈등의 본질을 알고 관계 개선을 시도할 수 있습니다.

우리는 아무도 누군가를 고칠 수 있는 존재가 아닙니다. 다만, 자신과 상대를 이해하는 폭을 그전보다 조금만 더 넓혀도 관계에 숨통이 트일 겁니다.

제가 왜 그러는지
좀 알려주실래요

: 악마 연인

버림받은 자가 되어야, 이용당한 자가 되어야, 당당히 불행해질 수 있었다.
악마 연인 콤플렉스다.
연인이 악마가 되면 될수록 마음 놓고 불행해질 수 있으므로.

지독한 사랑,
배신 그리고 피해망상

"그 사람이 날 죽이려고 독약을 타는 거 같아요. 밥 먹기가 무서워요."

'미유' 님[1]이 던진 첫마디였다. 슬픔으로 자글자글 주름진 그녀의 첫인상은 겨울나무보다 더 앙상하고 측은했다. 물어뜯어 깊이 팬 손톱만으로도 그녀가 느끼는 불안이 얼마나 혹독한지 가늠이 되었다.

헤어진 지 무려 스무 해가 넘었음에도 옛 연인에게 괴롭힘을 당하고 살고 있다는데 경악할 노릇이었다. 정신병동에 자신을 애초에 가둔 것도 그였다고 한다. 몇 년 전부터는 그가 자신을 죽이려고 음식에 독약까지 탄단다. 검사를 안 해서 그렇지 몸속에 독이 흐르고 있음이 분명하다고 했다. 어쩐지 상담사를 처음 만날 때 그녀의 눈빛이 예사롭지 않았었다. 상담사를 잔뜩 의심하고 경계하는 눈초리가 지금도 선하다.

"세상에, 스무 해 전 자기 쪽에서 먼저 멀리했던 옛 연인을 죽이려고 독약을 음식에 넣는다고!", "말도 안 되는 소리!" 이런 반응이 나오지 않는 게 이상하다. 다른 사람들은 다 이렇게 반응해도 상담사만은 그러면 안 되는 사람이다. 그녀의 말이 사실인가 아닌가는 둘째 문제였다. 그녀가 체감하고 있을 공포에 마음이 더 움직였다. 우선 온몸에 돋은 의심과 방어의 가시를 가라앉혀야만 했다. 그러려면 그녀가 느끼는 고통의 질감을 찬찬히 느. 껴. 보. 아. 야 했다. 지친 마음을 온 마음으로 안아주어야 했다. 두려움의 갈피갈피마다 쓰. 담. 쓰. 담 해주어야 했다.

공감은 힘이 세다. 곁을 지켜준 지 1년이 지난 어느 봄날이었다. 그녀의 마음에도 봄볕이 들기 시작했다. 세상을 향해 돋친 가시들이 잦아들고, 마음에 매달린 수만 개의 고드름이 녹아내렸다. 옛 연인과의 연애 전말은 이러했다. '미유' 님은 열아홉 살에 마흔세 살이던 그와 만나서 15년이나 연인으로 지낸다. 그녀는 결혼을 갈망했으나 정작 그는 결혼할 마음이 손톱만큼도 없었다고 한다. 그에게 '미유' 님을 만나기 몇 해 전부터 동거하던 여인이 따로 있었음을 나중에 알게 된 거다. 그러니까 철저한 이중생활이었던 거다. 게다가 '미유' 님은 뒤늦게 임신을 했고 홀로 유산까지 감수해야 했다. 그녀는 버림받은 거나 다름없었다. 어쩔 수 없이 그와 등을 돌려야 했다.

등을 돌렸지만 그 억울함과 분노가 쉽게 가라앉을 리 만무했다. 감정의 폭풍이 휘몰아칠 때마다 '미유' 님은 정신 줄을 놓았고 그의 집으로 쳐들어갔다. 집에 돌을 던지고 창문을 부수고 난장을 부렸다. 경찰이 출동하고 온 동네를 떠들썩하게 한 적이 한두 번이 아니다. 쓰레기, 버러지, 사기꾼! 온갖 욕설에다 괴성까지 질렀다. 그렇게 해서 마음이 달래지면 좋으련만 그럴수록 억울함과 분노만 더 끓어올랐다.

술로 밤을 지새웠고 몸은 망가져갔다. 아무리 몸부림쳐도 자신의 편이 되어줄 것 같지 않은 세상이 증오스러웠다. 빛도 안 들고 냉기만 가득한 지하실에 틀어박히는 날이 늘어갔다. 식음도 전폐하고 잠도 안 자고 그림에만 매달렸다. 그러다 어느 순간 격해져서는 그간 그렸던 그림들을 몽땅 찢어버렸다. 거창한 첫사랑과의 요란한 첫 이별이 그녀에게 유산으로 남긴 건, 삶의 거식증이었다.

언젠가는 옛 연인이 다른 사람을 시켜서 그녀의 그림이며 물감을 훔쳐가기 시작했단다. 그녀의 재능을 질투해서 그랬다고 한다. 감시도 서슴지 않았다고 한다. 어쩌다 생필품을 사려고 바깥출입이라도 하면 누군가 등 뒤에 따라붙었단다. 두려운 나머지 어쩌다 하던 외출도 뜸해졌다. 배고픔보다 두려움이 더 컸다. 결국엔 집에서 한 발자국도 나가지 않게 되었다. 그렇게 한 달이 지났을까. 건장한 남자 몇이 작업실을 무단 침입했다. 정신을 잃었다. 깨어 보니 정신병동이었다.

딸이라는 이유로, 학대받은 그녀

장편소설 몇 권은 족히 넘을 '미유' 님의 이야기를 구구절절 듣노라면, 밑도 끝도 없이 착잡해진다. 그녀가 걸어온 삶의 필름을 첫 연애 이전으로 돌이키기엔 너무 늦은 걸까. 첫사랑이 삶을 끝장내는 마지막 사랑이 될 수도 있다니. 한 사람과의 인연이 저리 질길 수도 있다니. 어쩌면 그녀 자신이 더 궁금했을

지도 모른다. "제가 왜 이러고 있을까요. 이 족쇄를 벗어날 순 없는 건가요." 이 지경이 되었을 때는 무슨 이유라도 있을 게 아닌가. 그러자면 그녀의 엄마 이야기로 거슬러 올라가야 한다.

첫아들이 태어난 지 얼마 안 되어 죽자, 그녀의 엄마는 아들을 낳고 싶어서 다부지게 임신을 한다. 그 순서에 맞춰 태어난 아이가 '미유' 님이었다. 가족의 탄생신화만 보건대, 그녀가 엄마에게 어떠한 대접을 받고 컸을지는 이미 예고된 것이었다. 엄마는 세상에 쌓인 갖은 불평을 그녀에게 쏟았고 독약 같은 말을 퍼부었다.

"모든 게 너 때문이야."

"네 아버지 고생도 너 때문이야."

"남동생도 너 때문에!"

"저 자만심은 도대체 누굴 닮았는지 원."

"첫애가 안 죽었으면 너를 안 낳았을 텐데. 내가 무슨 죄를 지었기에 너 같은 애를 낳아서 이 모양이니."

죄인으로 몰아가는 잔인한 말에 그녀의 마음은 망가져갔다. 그런 엄마가 정신병동에 입원한 딸을 면회하는 게 도리어 이상한 일 아닌가. 딸에게 일절 측은함이 없던 엄마 밑에서 태어난 그녀가 죄인이었다. 사실 그녀가 퇴원하지 못하도록 방해한 사람은 그녀의 친엄마였다. 그녀가 살았던 세월을 통틀어 그녀에게 가장 나쁜 사람은, 옛 연인이 아니라 그녀를 낳고 기른 엄마였다. 단 한 번의 사랑과 단 한 번의 이별로 전 인생이 망가질 수 있을까. 엄마의 학대로 치명타를 입은 딸이라면 가능하다.

어느 맑은 봄날,

바람에 이리저리 휘날리는 나뭇가지를 바라보며

제자가 물었다.

스승님,

저것은 나뭇가지가 움직이는 겁니까,

바람이 움직이는 겁니까?

스승은 제자가 가리키는 곳은 보지도 않은 채

웃으며 말했다.

무릇, 움직이는 것은 나뭇가지도 아니고

바람도 아니며

네 마음뿐이다.

– 영화 〈달콤한 인생〉 중에서[2]

마음은 세상을 보는 또 하나의 눈이다. 그리고 마음의 눈은 착시가 특기다. '미유' 님도 착시가 아니었을까. 그녀는 자신의 삶을 잔인하게 뒤흔드는 게 '옛 연인'이라는 바람이며, '버림받음'이라는 바람이라고 굳게 믿고 있었다. 안타깝지만 그녀의 삶을 송두리째 뒤흔든 건 연애도 배신도 이별도 아니었다. 엄마에게 받은 치명적 상처에서 복원되지 못한 그녀 자신의 마음이었을 뿐이다.

누가 악마 연인 콤플렉스에 사로잡히는가

사랑했던 사람에게 버림받으면 속이 왜 쓰리지 않겠는가. 어찌 아프지 않겠는가. 어찌 후회스럽지 않겠는가. 그렇더라도 엄마에게 "내 사랑스러운 딸, 네가 얼마나 존귀한지 모른다. 네가 있어 행복하단다"라고 환대받고 자랐더라면 아무리 가혹한 이별이라도 이겨낼 힘이 있었으리라.

너는 내가 모욕의 응어리를 쌓아두리라 생각하는가! 내

가 너의 화사하고 평화스러운 행복에 어두운 구름을 드리우게 할 것 같은가, 너를 신랄하게 비난해 너의 심장에 우수의 칼을 꽂을 것 같은가. 아, 천만에, 천만에! 너의 하늘이 청명하기를, 너의 사랑스러운 미소가 밝고 평화롭기를, 행복과 기쁨의 순간에 축복이 너와 함께하기를!

— 도스토옙스키, 《백야》 중에서[3]

마음이 찢어질지라도, 이렇게 마음을 다잡으며 새로운 사랑을 찾아 나섰으리라. 그리고 자신의 재능을 보란 듯이 세상 앞에 꺼내놓고 자랑했으리라. 아쉽게도 '미유' 님은 그러지 못했다. 본인도 모르는 엄마를 향한, 해결되지 못한 증오가 속에 가득 차 있었으니까. 증오가 있더라도 삶이 순풍을 지날 때는 수면에서 사라진다. 하지만 수면에서만 사라진다고 증오의 불씨까지 완전히 꺼진 건 아니다. 옛 연인의 배신과 이별로 삶이 역풍을 맞자 증오의 불씨는 삽시간에 불타오른다. 엄마를 향한 증오의 불씨가 되살아나 옛 연인에게 옮겨붙은 거다. 이를 악물고 10년, 또 10년, 복받치는 증오의 식칼을 들고 죽어라 달리는 거다.

이 저녁 식칼을 들고, 무식한

무식한 식칼을 들고 나를

떠나가는 것은, 이 저녁

달래어지지 않는 시퍼런

시이퍼런 식칼을 손에 들고 나를

떠나간다는 것은, 이 가을

저녁마다 치떨리는

치떨리는 식칼을 휘두르며 너를

찾아간다는 것은,

식칼을 휘두르는 식칼이 되어, 벌거벗은

벌거벗은 식칼이 되어 너를

너를 찾아간다는 것은, 십 년

또 십 년, 복받치는

복받치는 식칼을 들고, 아무도

빼앗아주지 않는 식칼을 들고,

— 김언희, 〈이 저녁〉[4]

성장기에 가족에게 받은 상처가 아물지 않으면, '미유' 님처럼 불행의 포로가 된다. 상처를 씻어내고 떠나보내지 않으면 불행도 박차고 나올 수가 없다. 그리고 그들은 자신들이 왜 불행에서 벗어날 수 없는지 그럴싸한 명분을 찾아낸다. '미유' 님은 그 명분을 위해 옛 연인을 악마로 만들어야 했다. 그렇게 버림받은 자가 되어야, 이용당한 자가 되어야, 당당히 불행해질 수 있었다. 악마 연인 콤플렉스[5]다. 연인이 악마가 되면 될수록 마음 놓고 불행해질 수 있으므로. 악마 연인을 둔 덕에 어떤 형태로든지 자신의 불행에 책임을 지지 않아도 되므로.

망상은 어느 날 갑자기 찾아오지 않는다. 처음엔 가벼운 피해의식을 보이다가 편집증으로 가게 되고, 더 심해지면 망상에 빠지게 된다. 그가 그녀의 음식에 독약을 넣는다는 것도, 그가 그녀를 죽이려 한다는 것도 피해망상이었다.

'미유' 님이 옛 연인과 헤어진 후 곧장 상담실을 찾았더라면, 그 아까운 재능과 세월을 낭비하지 않았을 텐데. 상담사는 아직도 '미유' 님이 아리다. 옛 연인을 죽이려고 시퍼런 칼을 쥐고 뛰어가는 늙은 그녀와 새로운 연인을 만나러 예쁜 꽃다발을 쥐고 뛰어가는 앳된 그녀가 포개지면서, 울컥한다.

문학치유 처방전

:악마 연인

운명을 대하는 두 가지 자세가 있습니다. '외적 통제소재'와 '내적 통제소재'. 전자는 운이나 기회와 같은 외적 요인이 자신의 운명을 결정한다고 믿는 부류이며, 후자는 노력이나 능력과 같은 내적 요인이 자신의 운명을 결정한다고 믿는 부류입니다. 내적 통제소재를 가지면 자신의 인생을 책임질 줄 알며 스트레스도 잘 견딘다고 합니다. 과연 지금 자신은 어느 부류에 속하는지 살펴봅시다.

당신은 아직도 부모를 원망하고 있습니까? 어린 시절의 감정을 떠나보내지 못하고 있는 건 아닌가요. 몸만 아니라 마음도 기지개가 필요합니다. 마음도 주기적으로 쭉쭉 펴주어야 합니다. 이제까지와 전혀 다른 방식으로 과거와 자신과 세상을 바라볼 수 있어야 삶이 더 풍요로워집니다.

마음의 기지개용으로 스토아학파 철학자인 에픽테토스의 《엥케이리디온: 도덕에 관한 작은 책》 일독을 권합니다. 인간과 인생에 대한 고민은 아주 오래전부터 시작되었지만 놀랍게도 인생의 정답은 크게 달라지지 않았습니다.

어머니는
따뜻한 가슴을 짜주네

: 융합

가족일지라도 네 문제는 네 문제, 내 문제는 내 문제여야 한다.
네 문제가 내 문제라며 간섭하거나 과잉보호하는 것도
일종의 학대일 수 있다.
과잉보호를 당한 많은 자녀는 혼자 힘으로 아무것도 할 수 없다는
수치심을 떠안고 살아간다.

소설이에요?
실화에요?

"엄마가 제 앞에서 죽겠다고 목을 매요. 처음이 아니에요."

그해 늦은 첫눈이 함박 내려 환하게 들뜬 세상의 뒤편에서 열여덟 살 '실화'가 손목을 그었다. 구급차가 선홍빛 비상등을 번쩍이며 하얀 눈길의 낭만을 뭉개며 사라졌다. 발을 동동 구르며 응급실로 뛰어 들어올 때만 해도 '실화'의 엄마는 노발대발했다. 아들을 향해 욕을 해댔다. 그러다 갑자기 응급실이 정적에 휩싸였다. 아들의 가슴이며 팔뚝을 뒤덮은 얼룩무늬를 본 것이다. 다리가 후들거렸고 폭삭 주저앉고 말았다. 몇 해에 걸쳐 시도한 아들의 자해 흔적을 이제야 보게 된 거였다.

'실화' 님이 문학치유집단 8회기에 이르렀을 때 꺼낸 이야기다. 그 말을 꺼내기 전까지 '실화' 님은 자기 관리가 철저하고 쾌활했으며 감정이든 행동이든 참 단정해 보이는 참여자였다. 도서관이나 상담센터의 문학치료집단 참여자들이 끝난 뒤에 매번 하는 소리가 있다. 1회기나 2회기 때까지는 속내가 매우 복잡하다고. 낯선 이들 앞에서 속마음을 턴다는 게 쉽지 않은 일이라고. 어디까지 얼마만큼 꺼내놓아야 하나, 비밀이 정말 보장은 되는 걸까 등등 일종의 간을 보는 거다. 그러다 보면 어느 순간 누군가 먼저 속내를 트기에 이른다. 그러고 나서야 하나둘 주섬주섬 이야기보따리를 풀어놓기 시작한다.

생각보다 소수로 진행되는 집단은 상당히 안전한 편이다. 집단 시작 전 작성하는 서약서가 안전장치 노릇을 하긴 한다. 긴 망설임을 박차고 '실화' 님이 굳게 닫았던 마음을 활짝 열 수 있었던 건 서약서 덕분이었다. 서약서를 굳게 믿고 바윗덩어리를 가슴에서 꺼냈다. 대여섯 살 무렵이었다고 한다. 자기 앞에서 엄마가 목을 매는 시늉을 하고 동네 떠들썩하게 난동을 부린 것이. 그때부터였다. 엄마가 죽지 않을까, 진짜 나 때문에 죽으면 어쩌나, 엄마가 죽으면 그건 나 때문일 거야, 살얼음판 걷듯 살았다고 했다. 아침에 엄마의 목소리나 낌새가 조금이라도 이상하다 싶으면 하루 종일 싱숭생숭해 수업 끝나기만 기다렸다가 집으로 뛰어가기 바빴다고. 멀쩡한 엄마를 지키느라 친구들과 맘 편히 놀았던 기억이 없단다.

'실화' 님은 자기 엄마에게 매 맞는 아이들이 차라리 부러웠다고 했다. 중학생이 되어서야 엄마의 자살 소동이 자신을 옭아매려는 시늉이라는 사실을 알았다. 엄마는 난데없이 아들을 죄인 취급하면서 "어디 내가 죽어봐라, 너 혼자 살 수가 있나!" 하기가 일쑤였다. 한바탕 소동이 벌어지고 나면 주변에서 으레 그랬단다. 너 하나 보고 그 모진 세월 견딘 엄마가 불쌍하지도 않냐고, 이제 속 좀 그만 썩이라고. 겉으론 고분고분하고 온순했지만 '실화' 님 속엔 분노가 장난 아니었다.

참았던 말,
들어주지 않으니 손목을 그었다
혹한을 흘러내린 흰 피, 빙판이 되었으니
너무 오래 혼자 두었구나

― 이규리, 〈동파〉 중에서[2]

어디에라도 끓어오르는 분노를 풀어야 했는데 찾아낸 방편이 자해였다. 엄마를 내 마음대로 할 순 없지만 내 몸은 내 맘대로 할 수 있음을 보여주고 싶었나 보다. 자해가 아프긴 했지만 그 뒤를 따르는 묘한 통쾌함을 어찌 뿌리치랴. 심적 고통을 몸의 고통으로 대치한 거다. 이상심리다. 한 번이 어렵지 두 번 세 번은 쉬워진다. 그러다 습관성이 된다. '실화' 님의 엄마는 자기밖에 모르고 아들을 착취하는 전형적인 악성 자기애가 분명하다. 그러니 아들의 자해를 눈치챌 리가 없다. '실화' 님은 고3이 되어 입시 긴장과 불안이 극에 달하자 손목을 그어버렸다.

'실화' 님의 이야기를 듣고 있다가 불현듯 예전에 읽은 소설이 떠올라 소스라치게 놀랐다. 소설 속 인물이 현실에서 환생했나 착각까지 들었다. 그 소설에선 이기적이고 착취적인 엄마 때문에 결혼에 실패하고 떠돌던 아들이 끝내 중병에 걸려 죽어간다. 앙드레 지드 말이 진짜 맞다. "역사는 일어났던 허구다. 반면 허구는 일어났을지도 모르는 역사다." 현실이 소설의 뒤꽁무니를 쫓아 살든지, 아니면 현실이 소설가보다 더 나은 작가든지, 그도 아니면 소설이 예언자든지.

문학치료 강의에서 실화가 등장하는 소설을 다룰 때마다 수강생들에게 묻는다. "이런 비슷한 이야기를 주변에서 들어보신적 있나요"라고. 어찌 된 셈인지 단 한 번도 그런 이야기를 듣거나 본 적이 있다는 대답을 듣지 못했다. 흔한 이야기가 아니긴 하다. 게다가 집안의 그런 시끄러운 속내를 누가 쉽게 털어놓겠는가. 하지만 들은 적이 없는 이야기라고 존재하지 않는 건 아니다.

'실화' 님이 자해했다고 고백하자 그제야 자신도 자해해본 경험이 있노라 2명이나 고백을 보냈다. 대학생만으로 이루어진 집단이었는데 10명 중 3명이나 되었다. 그래서 문학치료집단은 정신의 목욕탕이 된다. 그곳에 오면 누가 먼저랄 것도 없이 어느 순간 자연스레 마음의 옷을 벗고 두런두런 이야기를 나누고 앉아 있다.

겉만 보면 다들 별일 없이 산다. 그런데 막상 살아온 이야기 보따리를 풀고 보면 너나 나나 삶이 다 거기서 거기다. 한 사람도 예외 없이 혼자 묻어둔 아픔이 있고 가족과 얽힌 아픔이 있다. 삶의 동지는 이렇게 만들어진다. 집단 문학치료라는 정신의 목욕탕에서 이제껏 만난 이야기들은 하나같이 가슴 짠하고 묵직해지게 만드는 장편소설감이었다. 그래서인지 언젠가부터 실화를 소설처럼 읽고 소설에 실화처럼 몰입하는 버릇이 생겼다.

따로 또 같이, ○
한통속인 가족

　부모가 자녀를 방치해도 문제지만 자녀를 오랫동안 옥죄는 양육 방식도 문제다.[3] 생애 초기에는 부모와 자녀가 몸이든 마음이든 착 달라붙어 지내는 게 정상이다. 이걸 공생共生이라고 한다.[4] 그렇게 충분하게 돌봄이 이루어지고 나면 자녀를 정서적으로 독립시키는 게 맞다. 그런데 놀랍게도 자녀의 독립을 도리어 부모 쪽에서 원하지 않는 경우가 많다. 정서적으로 불안한 부모일수록 더욱 그렇다. 보호와 양육이라는 명분 아래 자녀를 세월아 네월아 품 안에 끼고 사는 거다. 아니 빌붙어 사는 거다. 자녀에게 기생寄生하는 거다. 그런 자녀가 숨 막히지 않는 게, 도망가려 하지 않는 게 도리어 이상한 거다. 이런 부모와 자녀는 평생 '쫓아가는 자와 도망가는 자' 게임을 하고 살아야 한다.

　'실화' 님의 엄마도 그랬다. 험한 세상에 남편 없이 아들과 단둘이 살아가는 일이 이만저만 힘들지 않았으리라. 그럴수록 아들이 남편이나 되는 양 '평생 등바닥에 들러붙은 전복같이' 기대었다. 착 달라붙어선 '너 나 없인 절대로 못 살아'라고 무언의 압력을 가하는 엄마가 끔찍했으리라. 그 압력에 얼마나 숨이 막했으면 죽어서라도 그 병적 관계를 끊으려 했을까.

가족의 융합이라는 무거운 주제를 웃음으로 승화시킨 영화가 있다. 〈나의 그리스식 웨딩 2〉이다. 외할아버지는 고등학교에 다니는 손녀 페리스를 볼 때마다, 그리스인 남자 친구를 만들어서 결혼하고 애 낳으라고 닦달이다. 페리스의 엄마가 당신의 소망대로 그리스 남자와 결혼하지 않았으니 손녀를 통해 만회하려는 욕심을 포기하지 못한 거다. 배 놔라 감 놔라 질리는 참견은 이뿐만이 아니다. 부모는 어떤가. 집에서 먼 거리의 대학에 진학하려는 딸 페리스에게 엄마 곁을 떠나지 못하도록 은근히 압박이다. 이모는 또 어떤가. 동생의 부부 관계, 속옷 색깔까지 참견한다. 침실에서 오랜만에 낭만적인 분위기를 잡을라치면 전화벨이 울린다. 처가 식구들의 병적 융합 때문에 페리스의 부모는 사랑을 잃어버린 지 오래다.

가족일지라도 네 문제는 네 문제, 내 문제는 내 문제여야 한다. 네 문제가 내 문제라며 간섭하거나 과잉보호하는 것도 일종의 학대일 수 있다. 과잉보호를 당한 많은 자녀는 혼자 힘으로 아무것도 할 수 없다는 수치심을 떠안고 살아간다. 그리고 그 수치심은 분노를 부추기며 부모에게 반항하는 연료로 사용된다.[5] 비극이다. 자신들이 원하는 대로 자녀들을 만들 수 있다고 착각하는 부모의 통제 환상[6] 탓이다.

정서적으로 안정되어 있는 부모는 자녀를 마냥 붙들어두지 않는다. 큰 나무 아래서는 어린 풀이 나무가 될 수 없는 법이다. 부모가 자녀를 끼고 살면 자녀가 나무로 무럭무럭 클 수 없다. 부모는 자녀가 필요할 때 그저 든든한 피난처인 심리적 베이스캠프가 되어주면 그뿐이다. 그래야 자녀들도 부모로부터 도망가려고 기를 쓰지 않을 테니까. 부모의 품은 그래야 한다.

젖과 꿀을 모두 줄 수 있는 어머니는 드물다

○

에리히 프롬은 부모에게 꿀을 받아먹은 자녀라야 나중에 좋은 어머니와 행복한 어머니가 되는 거라고, 그리고 그 꿀은 세대를 따라 대물림되는 거라고 했다.[7] 그 꿀은 엄마의 따스한 가슴에서 나오는 게 아닐까. 문태준 시인은 엄마는 가슴을 헐어 자식에게 따뜻한 가슴을 짜준다고 노래했다.[8] 이보다 더 아름다운 광경이 있을까. 젖은 줄 수 있지만 꿀까지 줄 수 있는 어머니는 아주 드물다. 자녀에게 옷을 짜줄 순 있지만 가슴을 헐어 자녀의 따뜻한 가슴을 짜주기는 쉽지 않다.

부모로부터 따스한 가슴을 선물로 받아본 자녀만이 자신의 자녀에게 따스한 가슴을 짜줄 수 있다. 부모가 가슴을 헐어 짜준 그 따뜻한 마음이야말로 좋은 부모가 되는 최고의 밑천이 된다. 부모가 따뜻한 가슴을 짜는 걸 본 적이 없고 그 따뜻한 가슴을 입어본 적이 없는데 어떻게 따스한 가슴을 짜주겠는가. 부모가 자녀를 사랑하지 않아서 따뜻한 가슴을 못 짜주는 게 아니란 말이다.

상담이 어느 정도 진행되면 모든 문제를 부모 탓으로 돌리려는 내담자를 종종 만난다. 자신이 이렇게 된 건 좋은 부모를 못 만나서 그런 거라고. 그래서 연애도 실패하고, 모자란 것투성이고, 이 모양 이 꼴로 산다고. 그러다 이런 원망과 투사를 할 만큼 했다 싶을 때가 온다. 그러면 하나같이 또 이렇게 정리한다. (이럴 땐 상담이 이미 짜인 각본 같다는 착각마저 든다.) "아하, 내 부모도 내가 받고 싶은 그 꿀을 못 먹었네요, 그래서 저를 그렇게 키웠던 거였네요, 부모님도 불쌍하네요"라고. 이런 고백으로 그간 부모에게 꼬이고 뒤엉킨 마음이 풀리고 얼었던 마음이 녹아내리며 새로운 서막이 열린다.

완벽한 사람도 없고 완벽한 부모도 세상엔 없다. 그래서인가.

세상의 모든 부모는 특별한 경우를 제외하고 아무리 부모 노릇을 잘해봤자 52점이고, 또 못해봤자 48점이란다. 이 이야기를 하면 자녀들은 자녀들대로 부모들은 부모들대로 얼굴에 근심의 먹구름이 걷히고 표정이 환해진다. 완벽한 부모가 있다면 아마 로봇이 아닐까. 상상만 해도 끔찍하다. 그러니 이제 더는 부모 탓이나 자녀 탓으로 돌리면서 삶을 허비하지 않길 바란다.

다만 부모와 엉킨 실은 없는지 살펴볼 일이다. 풀어야 할 건 풀고 매듭지어야 할 건 매듭지어야 한다. 그러지 않으면 자녀가 춥고 아프다. 늦은 감이 있더라도 따스한 가슴을 짜는 방법을 터득해 자녀에게 따스한 가슴을 짜주는 뜨개질 소리가 가득했으면 좋겠다.

문학치유 처방전

:융합

▌ 모든 사람은 불완전합니다. 부모도 불완전하겠지요. 그래서 부모로부
터 상처받지 않거나 응어리가 없는 자녀는 이 세상에 단 한 명도 없습
니다.

가족이 자신의 아킬레스건이 되지 않도록 하려면 '가족 탐사'를 해보는
것이 좋습니다. 우리 부모님은 어떤 부모님 밑에서 성장했는지 친가와
외가의 풍경으로 들어가봅니다. 부모님의 어린 시절 거주지, 조부모님의
직업, 경제적 상황, 남매 관계, 교육 정도, 가족의 분위기, 특별한 사건,
이혼, 별거, 질병, 사고 등등. 누구에게 사랑받았는지, 누구와 친밀했는
지, 주로 어떤 갈등이 있었는지 말입니다.

▌ 정현종의 시 〈방문객〉을 통해 부모님의 '부서지기도 했을 마음'과 '부
서지기 쉬운 마음'을 각각 적어보세요. 시의 주인공을 한 번은 어머니
로, 또 한 번은 아버지로 대입해서 음미해보세요. 아니면 주요 양육자
인 이모, 고모, 삼촌, 아주머니도 괜찮습니다. 이제까지 살아온 부모님
의 인생 결과 마음결을 느껴보는 시간 속에서 예상치 않았던 관계 회복
의 실마리를 잡을 수도 있습니다.

제발 정확히
말해주세요

: 이중구속

잊었다는 건지 잊지 않았다는 건지, 헤어지자는 건지 기다리라는 건지.
이런 방식으로 듣는 사람을 혼란에 빠뜨리는 화법을
'이중구속' 메시지라고 한다.
이른바 상대를 꼼짝 못 하게 만드는 족쇄 화법이다.
앞으로도 못 가고 뒤로도 못 가는.

헤어지기도 했고
아니 헤어지기도 한

○

"헤어지잔 말인지 아닌지, 어쩌라는 건지 미칠 것 같아요."

꼬박 반년 만이다. '족쇄' 님[1]은 헤어지기도 했고 아니 헤어
지기도 한 연인을 만나러 또 길을 나선다. 연중행사처럼 꽃비가
화사하게 내리는 봄에 한 번, 들판이 황금물결로 일렁이는 가을
에 한 번, 연인을 찾아 나선다. 헤어지지 않았다는 믿음이 두둑
하지 않고서는 10년째 이 노릇을 할 리가 없다.

'족쇄' 님은 헤어지기도 했고 아니 헤어지기도 한 연인을 찾
을 때마다 어금니를 물고 다짐했다. 하늘이 두 쪽이 나도 이번

만은 꼭 매듭을 짓고 오겠다고. 그 연인도 '족쇄' 님이 찾아오면, 그럼 그렇지 당연히 와야 한다는 기색이다. 그러다간 늘 그랬던 것처럼 돌연 문전박대다. 표정은 그리움에 사무쳐 있으면서 말은 잊었다고 한다. 다시는 오지 말라는 말이 끝나기가 무섭게 매몰차게 문을 닫아버린다.

순간 당황스럽지 않았다면, 10년이란 세월이 허망하게 느껴지지 않았다면, 거짓말이리라. 하지만 내심 10년 묵은 체증이 내려가듯 시원했다. 연인이 나를 사랑한다는 건지 사랑하지 않는다는 건지 10년간 혼란스럽지 않은 날이 없었기 때문이다. 황급히 발길을 돌린다.

열 걸음이나 채 뗐을까. 다급하게 문이 열리는 소리가 들린다. 반사적으로 멈칫한다. 예상한 바였다. 돌아서게 하고선 언제나 다시 발목을 잡았다. 그러곤 엉뚱한 소리를 한다. "어제도 오늘도 아니 잊고 먼 후일 그때에 있었노라"는 김소월의 시구를 읊조린다.

어느 행성에서 쓰는 화법인지 모르겠다. 저 속을 도통 모르겠다. 잊었으니 발길을 돌리란 말인지, 아직 못 잊었으니 발길을 돌리지 말라는 말인지. 이런 유의 말에 발목이 잡혀 '족쇄' 님은 10년째 작별 근처만 서성일 뿐이다.

잊었다는 건지 잊지 않았다는 건지, 헤어지자는 건지 기다리라는 건지. 이런 방식으로 듣는 사람을 혼란에 빠뜨리는 화법을 '이중구속double bind' 메시지라고 한다. 이른바 상대를 꼼짝 못하게 만드는 족쇄 화법이다.

앞으로도 못 가고 뒤로도 못 가는, 갈 수도 없고 올 수도 없는, 사람 미치게 만드는. 이번엔 꼭 작별하리라 다짐했건만 저번처럼 말짱 도루묵 신세다. 헤어진 것도 헤어지지 않은 것도 아니고, 연인도 아니고 옛 연인도 아니다.

'족쇄' 님은 이 연인의 족쇄에서 벗어날 방법을 찾을까 싶어 상담실로 향했다. 헤어지기도 하고 아니 헤어지기도 한 연인과 헤어지고 싶으나 헤어지지 못하는 자신이 한심하다고 하소연하기 바빴다.

그러던 어느 날이었다. 원가족의 가계도를 그릴 때는 기억이 하나도 없다던 친할머니 이야기를 뜬금없이 꺼낸다. 귀를 쫑긋 세웠다. 기억이 없는 게 아니라 까마득히 잊고 살았던 것 같다고 했다. 친할머니 얼굴이 떠오르면서 갑자기 소름이 돋았단다. 이러지도 저러지도 못하게 하는 연인이 그 옛날 친할머니와 어쩜 그리 쏙 빼닮았는지 끔찍하단다.

이야기는 초등학교 때로 거슬러 올라간다. 초등학교 때 사업 문제로 부모님이 외딴섬에 거주해야만 하는 때가 있었다. 섬살이가 워낙 열악했던지라 어쩔 수 없이 '족쇄' 님을 친할머니네에 맡길 수밖에 없었나 보다. 혼자 적적하게 살던 친할머니는 얼씨구나 좋아하시는 게 당연했다. 그리고 하나밖에 없는 손주에게 지극정성이셨다. 그러길 1년이 좀 지났을까. 예상보다 빨리 부모님이 섬을 나오시게 되었다.

사실 부모님과 다시 모여 살게 되었다는 소식을 듣고 누구보다 기뻐하셨던 분이 할머니였다. 어린것이 부모 품을 떠나 사는 자체가 고생이라고, 그래서 볼 때마다 안쓰러웠고 짠했다고, 이렇게 빨리 갈 줄 알았으면 더 잘해줄 걸 후회된다고, 이제 두 다리 뻗고 잘 수 있게 되었다고, 할머니는 꺼이꺼이 우셨다. 자신을 이렇게 아껴주시는 할머니가 그저 고마울 따름이었다. 그날은 분명 그랬다.

그런데 그다음 날부터 할머니는 두 얼굴의 야누스로 변했다. 이랬다저랬다 변덕이 죽 끓듯 했다. 두렵기까지 했다. 할머니는 기쁘게도 아니 기쁘게도 보였고, 화나게도 아니 화나게도 보였다. 하루는 '족쇄' 님을 힘껏 껴안고 토닥이시는가 하면, 다음 날은 회초리를 들고 멍이 들 정도로 때리곤 했다. 회초리를 든 다음 날엔 언제 그랬냐는 듯이 백화점에 데려가기도 했다. 옷이며 신발이며 골라주시며, 부모님하고 행복하게 살라고 등을 토닥이셨다. 그러다 돌변해서는, 은혜를 모르는 인간 같으니라고, 가서 혼자 얼마나 잘 사는지 보자고 소리를 질러댔단다.

할머니가 자신을 사랑한다는 건지 미워한다는 건지, 가라는 말인지 가지 말라는 말인지 너무 혼란스러웠단다. 환장한다는 말은 이때 쓰기 딱 어울리는 말 같다. '족쇄' 님은 이중구속 메시지에 꽁꽁 묶여버린 거다. 어린아이가 무엇을 할 수 있었겠는가. 가도 안 되고 안 가도 안 된다. 어린 '족쇄' 님도 하루는 집으로 돌아가겠다고 했다가 할머니와 죽을 때까지 함께 살겠다고 했다가… 그러다 결국 부모님과 살게 되었지만, 하루는 부모님 집으로 또 하루는 친할머니 집으로 시계추처럼 왔다갔다 하며 정신없이 살았다.

'족쇄' 님에게 그때 친구들이며 사춘기에 대한 기억이 하나도 없는 게 이해가 간다. 친할머니가 돌아가시고 나서야 그 족쇄에서 풀려날 수 있었으니. 그때가 너무 끔찍한 나머지 그 즈음의 기억을 아예 몽땅 삭제해버린 거였다. 할머니는 할머니대로 혼자 남겨져야 하는 자신의 불안을 견디지 못해서 저런 행동을 반복하지 않았을까 싶다.

진심 전달이냐, 진리 전달이냐 ○

유명한 선사禪師의 화두가 있다.

스승이 제자에게 "만약 네가 이 막대기棒가 진짜 존재하
는 것이라 말하면, 나는 이 막대기로 너를 때리겠다. 네
가 막대기가 가공의 것이라 말해도 때리겠다. 아무 말도
하지 않아도 너를 때리겠다"라고 말한다.[2]

이중구속 메시지와 너무 닮았다. 하지만 화두나 선문답은 그
쓰임새부터가 다르다. 화두가 깨달음의 경지에 이르게 하려는
화법이라면, 이중구속 메시지는 상대방을 심리적으로 압박하
고 조종하려는 화법이다. 화두나 선문답 때문에 머리가 이상해
졌다는 경우는 들은 적이 없다. 하지만 일상에서 1년만 저런 대
화에 노출되면 정신에 이상이 생길 게 뻔하다. 이래도 맞고 저
래도 맞고 가만히 있어도 맞을 테니까.
　이준익 감독의 영화 〈사도〉가 딱 이 이야기다. 아들은 아버지
보다 잘나서도 안 되고 못나서도 안 된다. 왕이 될 만해서도 안

되고 왕이 안 될 만해서도 안 된다. 술을 마셨냐고 다그치는 왕 앞에서 마셨다고 사죄해도 혼나고 안 마셨다고 변명해도 혼난다. 중대한 나랏일을 결정하기 전에 아버지의 의견을 물어봐서도 혼나고 혼자 처리해서도 혼난다. 사도세자는 이래도 잘못하는 거고 저래도 잘못하는 거다.

"이것을 벌로 생각하지 마라"라고 말하면서 체벌하고, "나의 금지에 복종하지 마라"라며 금지한다. 그러면 사도세자는 초조해진다. 점점 불안해진다. 공포에 사로잡힌다. 무력감에 빠진다. 만성불안이다. 우울증이 심각해진다. 조현병에 걸린다.[3] 상습적인 이중구속 메시지는 교묘하기 짝이 없는 정서 폭력이다.

우리도 일상에서 별생각 없이 이런 화법을 쓸 때가 많다. 가만히 있으면 우습게 여기고, 말대꾸를 하면 건방지다 나무라고, 말하라고 해서 했더니 그것도 말이냐고 비아냥거린다. 말을 안 해도 안 되고, 말을 해도 안 된다. 도대체 어쩌란 건지 눈칫밥만 늘어간다.

"몇 년 만에 잡은 여행인데 나 괜찮으니 가서 내 몫까지 즐겁게 놀다와"라는 아내의 말에 남편은 고마운 마음으로 여행 갈 채비를 한다. 이제 막 현관문을 나서려는 참이다. 그런데 아내가 줄줄 하는 말이 이렇다. "둘 다 놀면 기둥뿌리 빠지잖아. 당신이 노니까, 나라도 참고 공부해야지", "놀 사람은 놀아야지. 주말 내내 열심히 공부해서 나라도 승진해야지. 노는 데만 집중하고 나한텐 신경 꺼. 전화하지 마, 그럼 화낼 거니까." 듣다 보니 참 묘한 기분이 든다. 말은 신경 쓰지 말라 하지만, 신경을 쓰란 말 같기도 하고, 상당히 찜찜하다. 가는 발걸음이 가볍지가 않다. 뒤통수가 당긴다.

일상의 대화가 "임은 갔습니다. 그러나 나는 임을 보내지 아니하였습니다"[4]처럼 오가면 곤란해진다. 선문답이나 시가 진리 전달용이라면 일상의 대화는 진심 전달용이기 때문이다. 매일 마주쳐야 하는 중요한 사람과 진리 전달용으로 대화를 주고받고 살면 스트레스로 탈모가 오거나 오장육부가 다 망가질 게 뻔하다.

말과 행동이 투명했던 수렵 채집 사회에서는 정서불안이나 만성불안 신경증, 그리고 우울증과 같은 마음의 병이 없었으리라 생각된다. 수렵 채집 사회 특성이 강한 이누이트 사람들은 부모가 자식들에게 누가 더 예쁘니, 누가 맘에 드니, 누가 정이 덜 가니 하는 말들을 서로 투명하게 주고받는다고 한다.[5] 열 손가락 깨물면 덜 아픈 손가락 더 아픈 손가락이 있는 게 사실이다. 한데 그걸 아니라고 속이면 오히려 더 상처를 주고받게 되는 거다.

부모의 일관되지 않은 말과 행동도 아이들의 정서를 불안하게 만드는 대표적 원인이 된다. 기분이 좋을 때는 어떤 잘못을 해도 너그럽게 넘어가고, 기분이 나쁠 때는 괜히 트집 잡고 비난하는 식 말이다. 슬프게도 부모 자식, 부부, 연인, 스승과 제자, 상사와 아랫사람, 고부 사이와 같이 가까운 관계에서 쉽게 찾아볼 수 있다. 힘 있는 쪽이 힘없는 쪽을 조종하기로 마음먹으면 힘없는 쪽은 망가지게 되어 있다.

"폭풍우가 몰려온다는데 어떻게 갈 거야?" ○ "전철 타고요"

갑자기 폭풍우가 몰려오니 동료가 "어떻게 집에 가나요!"라고 물었다. 여기에 대고 한다는 소리가 "뭘 어떻게 가긴, 버스 타고 가지. 근데 그걸 왜 물어봐요?"라고 짜증을 낸다면 황당하기 짝이 없을 노릇이다. 폭우로 가는 길이 심히 걱정되어 던진 말인데, 상대는 맥락(컨텍스트)을 쏙 빼버리고 글자 그대로 반응했으니 말이다.

이중구속 메시지에 오래 노출되었던 사람들이 보이는 부작

용 중 하나이다. 혼란스러운 말로 인해, 곤란한 상황에 많이 노출되어 살아오다 보니, 맥락을 읽어내는 걸 상실해버린 거다. 산수 문제 풀듯이 말을 주고받아야 안심이 되는 거다. 이렇게 모든 대화를 사전적 의미로 처리하고 있으니 상대방을 썰렁하게 하거나 짜증 나게 만들기 십상이다. 심지어 농담까지도 곧이 곧대로 받아들여서[6] 분위기를 싸하게 만들고 만다. 말의 폭력 앞에서 얼마나 겁에 질려 살았으면 그럴까, 안타깝다.

아, 제발, 이제라도 살펴야겠다. 마음의 내밀한 속살까지 보여주진 않더라도, 이랬다저랬다 하는 말로, 이런 것 같기도 하고 저런 것 같기도 한 말로, 듣는 사람을 눈치 보거나 곤혹스럽게 하는 일은 없는가 하고.

문학치유 처방전

: 이중구속

┃ 영화 〈사도〉를 보고 사도세자에게 감정이입을 해봅시다. 이중구속에
갇혀 있는 자녀들이 겪어야 하는 고통의 강도가 느껴지지 않을까요.
자신이 자녀를 혼란스럽게 하는 언어 방식을 갖고 있지 않은지, 속마음
을 진심으로 솔직하게 투명하게 말하고 있는지, 혹시 혼란스럽게 하고
있지는 않은지 돌아보는 시간을 가져봅시다.

┃ 고통의 감정이라도 예술 작품을 통해 함께 나누면 고통을 뛰어넘는 색
다르고 특별한 경험이 됩니다. 영화를 통해 이중구속 메시지로 힘들었
던 경험을 나누세요.
그 대상이 부모님이었든, 연인이었든, 배우자였든, 그들의 교묘한 언어
가 혼란을 주거나 족쇄가 되었던 경험을 나누면서 그 상처들을 연소하
면 어떨까요. 글로 적어도 되고 말로 해도 됩니다.

내가 삶을
속일지라도

: 거짓 자기

타인에게 좋은 사람이 자신에게는 제일 나쁜 사람이라고 한다.
타인을 자기 삶의 주인으로 모시고, 타인을 위해 태어난 사람처럼 산다면
의심해봐야 한다. 혹시 거짓 자기로 사는 건 아닌지.
타인에게 인정의 화폐를 구걸하며 살고 있지 않은지.

실수가　　　　　　　　　　○
너무 두려워요

"그때 재채기를 하는 바람에… 수면제 없인 잠을 잘 수가 없어요."

'재채기' 님[1]이 밤을 하얗게 지샌 지 무려 한 달째다. 정확히, 재채기 사건 이후부터다. 저리 요란을 떨 만한 일인가, 갸우뚱하기 쉬우리라. 하지만 별것도 아닌 사소한 일이 어떤 사람에겐 삶과 죽음을 갈라놓을 만큼 어마어마한 사건이 될 수도 있다.

한 달 전에 회사 주최로 음악회가 열렸다. 요즘 최고 인기를 누리는 가수가 출연하는 데다 VIP석 근처 자리를 배정받는 행운까지 찾아왔다. 그 좋은 일에 마가 낄 줄 그 누가 알았겠는가. 그 좌석으로 어마어마한 사달이 날 줄 몰랐기에, '재채기' 님은 동네방네 있는 대로 자랑하며 다녔더랬다.

한창 뜨거웠던 음악회가 조용한 분위기로 바뀌는 순간, 일제히 숨을 죽인 가운데 피아노 선율이 흐르고 있었다. 그 순간 소설에 자주 등장하는 '그런데 갑자기'가 일어나고 만다. 하필이면, 그 순간 '재채기' 님의 코가, 간질거리기 시작한다. 이를 어쩌나, 죽을힘을 다해 눈과 코, 입을 있는 대로 찡그렸다. 하지만 역부족이었다. 아주 제대로 터지고 만 거다. 무르익을 대로 무르익은 분위기에 찬물을 끼었었다. 한 번도 아니고 에취, 에취, 에에취, 세 번도 모자라 한 번 더 취이익, 치익.

창피함과 민망함으로 몸 둘 바를 몰랐다. 행여 침이나 튀지 않았을까 힐끔힐끔 주위를 둘러보았다. 순간 숨이 멎을 뻔했다. 바로 앞줄이 VIP석이었음을, 가까운 자리에 깔끔하기로 악명 높은 이사가 앉아 있었다니. 게다가 이사가 손수건을 꺼내 목덜미를 닦고 있다. 뭐라고 투덜거리기까지 하면서.

'아이고, 이제 난 죽었다.' 신경이 온통 그쪽으로만 곤두섰다. 뭐가 들리는지도 뭐가 보이는지도 모를 정도로 감각이 마비되었다. 어서 끝나기만 하라고 마음 졸였다. 공연이 끝나기가 무섭게 인파를 비집고 튀어 나갔다. 이사님께 다가갔다. 죄송하다고 죄송하다고 굽신굽신거렸다. 처량 맞았다. 이사는 신경도 쓰지 않았는지, 사과하는 이유조차 정확히 모르는 모양새였다.

집에 돌아왔지만 찜찜함을 털어버릴 수가 없었다. 이사가 대꾸를 하는 둥 마는 둥 얼버무리더니 쌩하고 고개를 돌려버린 게 또 마음에 걸렸다. 말투에서도 귀찮음이 역력히 느껴졌다. 밥맛은 뚝 떨어졌다. 그놈의 재채기만 곱씹고 곱씹었다. 그때 나올 건 뭐람, 하필이면 그 자리에 이사님이 앉으실 건 뭐람.

연휴 내내 한숨도 못 자고 월요일만 기다리느라 애가 탔다. 이틀 새 살이 쪽 빠졌다. 영원히 오지 않을 것 같던 월요일이 오긴 왔다. 새벽부터 이사실 앞에 죽치고 기다렸다. 드디어 이사실로 들어가려는 이사를 붙들고 "제가 음악회에서 재채기를… 침이 튀어서…"라고 우물거렸다. 아아, 그때 괜찮다고 그랬는데, 뭐 그런 걸 가지고 또 찾아오기까지 하느냐며 괜찮다고 하셨다. 그 말을 듣자마자 이제 살았다는 표정이 되었다.

근데 무슨 일인지 퇴근 무렵이 되자 또 다른 찜찜함이 몰려온다. 이사가 자신을 보자마자 재채기한 직원임을 알아본 것이 이젠 마음에 걸렸다. '그런 걸 가지고'라는 이사의 말도 거슬렸다. 할 일도 많은데 '그런 걸 가지고' 또 찾아오느냐, 소심하고 한심한 사람 같다는 말투였다. 연말에 연봉 협상도 해야 하고 인사 이동도 있는데 혹여 낙인이라도 찍힌 건 아닐까, 덜컥 불안에 사로잡혔다. 한심한 사람으로 찍혔으니 어쩐단 말이야, 이젠 먹기만 하면 체했다.

'재채기' 님은 어린 시절부터 사소한 일이라도 남에게 피해를 줄까 노심초사하며 살았더랬다. 어떤 부모들은 아기는 둘째고 자신이 편한 대로 아이를 키운다. 그런 환경에서 살아남기 위해 아이는 일찌감치 순응하는 법을 익힌다. '재채기' 님은 어쩌면 태어나기도 전부터 그걸 익혔는지도 모른다. '재채기' 님이 모태에 있을 때 어머니는 모진 시집살이 중이었다. 손에 물 마를 날도, 시어머니 구박이 쉴 날도, 남편의 저지레가 그칠 날도 없었다고 한다. 그런 어머니의 짜증과 불만이 어디로 흘러가겠는가. 고스란히 '재채기' 님에게로 가지 않았을까. 어머니라는 시한폭탄이 언제 터질지 몰랐으니, 눈치만 늘어갔다.

그것도 모자라 '재채기' 님이 조금이라도 못마땅하면 어머니는 '못된 인간'이라고 비수를 꽂았다. 이 말이 아주 잘 먹혀들었다. 그 말을 들으면 벌레가 된 것처럼 불쾌했단다. 그 말을 듣지 않으려고 착한 사람이 되려고 기를 썼단다. 어머니가 하자는 대로, 친구들이 이끄는 대로, 연인이 좋다는 대로 순응하게 되었다고 했다. 'NO'라는 말을 한 적이 거의 없단다.

철저하게 타인을 위해 헌신하느라 자신을 학대하고 살았던 삶이다. 부모 눈치를 봐야 하고 부모를 만족시켜야 했으니, 그래야 살아남을 수 있었으니, 누군가에게 조금이라도 피해를 줬다 싶으면 밥을 먹는 대신 걱정을 퍼먹고 살았다. 이래야 하나 걱정 한 숟가락, 저래야 하나 근심 두 숟가락.

그래도 스무 살 이전까진 고만고만 나름나름 살 수 있었다. 하지만 입사한 이후론 그리 만만치 않았다. 업무 특성이 그런지 입사 동기들끼리의 경쟁은 그 어떤 곳보다 치열했다. 총성만 없지 전쟁터를 방불케 했다. 그랬으니 이번 실수는 '재채기' 님에게는 대형 사고가 아닐 수 없었다. 그에게 재채기는 여느 재채기가 아니었다.

가짜 삶,
가짜 행복

'재채기' 님은 타인을 위한, 타인에 의한, 타인의 삶을 살아왔던 거다. 더불어 사는 세상인지라 때로는 타인을 배려하기도 해야 하는 건 맞다. 하지만 타인을 자기 삶의 주인으로 모시고, 타인을 위해 태어난 사람처럼 산다면 의심해봐야 한다. 혹시 거짓 자기로 사는 건 아닌지. 타인에게 인정의 화폐를 구걸하며 살고 있지 않은지. 아무리 인정의 적립금이 쌓여가도, 막상 행복해지지도 않는다는 게 거짓 자기의 함정이다.

이렇게 '재채기' 님처럼 거짓 자기를 가진 내담자를 상담하다 보면 심심찮게 이런 소릴 듣게 된다. "제가 오늘 힘든 이야기 너무 많이 했죠. 제 이야기 듣는 거 너무 힘드실 거 같아요." 그들의 눈에선 진심으로 미안해하는 빛이 역력하다. 상담실의 주인공이 거꾸로 상담사를 신경 쓰고 있다니. 주객전도다. 주인공으로 마땅히 대접받아야 할 때조차도 상대방 입맛에 자신을 맞추느라 애쓰는 삶. 자신에 대한 배려는 실종된 삶. 폭염에 땀을 뻘뻘 흘리며 고생을 하면 했지, 살이 쏙 빠진 자신을 보고 가족들이 맘 아플까 봐 옷을 꽁꽁 싸매고 사는 삶.

그래서인가. '재채기' 님은 자신이 뭘 좋아하는지 뭘 먹고 싶은지 생각해본 적이 없단다. 언젠가 20대 초반에 했던 연애 이야기가 나왔다. 2년 동안 사귄 사람과 2년 내내 돈가스만 먹었단다. 그 이야기를 하면서 자신이 생각해도 기가 찼는지 하하하, 웃는다. 진짜 어떻게 그럴 수가 있는지 2년 내내 돈가스만 먹다니, 지금 생각하니 참 어이가 없단다. 질리지 않고 먹은 것보다 다른 걸 먹어볼 생각조차 하지 않았다는 게 더 놀랄 일이라고 했다. 거짓 자기만이 연출할 수 있는 희극적 풍경 아닐까.

저런 해묵은 일화는 무료한 일상에 한 줌 웃음거리라도 주니까 그나마 봐줄 만하다. 그런데 이번 '재채기' 사건은 웃고 넘어갈 상황이 아니었다. 거짓 자기가 병리적 상황을 몰고 왔으니 상담실에 오지 않았더라면 '재채기' 님은 아마도 공황장애라는 선을 넘지 않았을까 싶다. 불안이 극심해지면 흔히 공황장애가 올 수도 있다. 걱정도 팔자라고 가볍게 넘기다가 큰일 나는 병이 불안증이다. 의지를 발휘해도 불안에서 헤어나오지 못하는 병이다.

앞서 말한 대로 이런 불안은 어린 시절의 양육과 연관이 깊다. 상담을 하면 할수록 어린 시절의 좋은 돌봄이야말로 인생 최고의 유산이라는 데 동의하게 된다. 이 유산을 물려받지 못했기에 이름 모를 불안의 늪에 빠지는 거다.[2] 그냥 일상에서 누구나 하게 되는 잔걱정이나 잡념을 말하는 게 아니다. 불안이 올라오면 자신이 조각나는 것 같은 불쾌함, 끝없이 떨어지는 것 같은 불쾌함, 아무런 방향감각이 없는 것 같은 불쾌함에 빠지는 거다. 이런 상태가 불안증이다.

타인에게 좋은 사람은 ○
자신에게 제일 나쁜 사람

'재채기' 님에게 특이한 버릇이 하나 있다. 잠을 일찍 자고 오래 자는 거다. 왜 그랬을까. 하고 싶은 말도 못 하고, 가고 싶은 데도 못 가고, 먹고 싶은 것도 못 먹고. 그러니까 무기력하고 우울해지고 피곤해지는 거다. 일찍 자면 만사를 잊을 수 있다. 회피다. 잠이 많은 사람이 모두 이런 이유로 그렇다는 건 아니다. '재채기' 님의 경우엔 그랬다는 거다. 이렇게 거짓 자기로 살면, 세월이 갈수록 허무해지고 우울해질 가능성이 농후한 것만은 확실하다.

타인에게 좋은 사람이 자신에게는 제일 나쁜 사람이라고 한다. 자신이 삶의 주인이 아니라 다른 사람을 삶의 주인으로 모시고 사는 형국이니까. 자신이 자기 삶의 주인이 되어 살아가는 경우를 두고 도널드 위니컷은 참자기true self 로, 머레이 보웬은 자기분화differentiation of self로 설명했다.

나는 나의 일을 하고 너는 너의 일을 한다.
나는 너의 기대에 맞춰 살려고 이 세상에 있는 것이 아니다.

그리고 너도 나를 위해 살려고 이 세상에 있는 것이 아
니라 너는 너이고 나는 나이다.

만약 우리의 마음이 우연히 서로 일치한다면 그것은 아
름다운 일이다.

그러나 그렇지 못한다 해도 그것은 할 수 없는 일 아니
겠는가.

– 프리츠 펄스, 〈게슈탈트 기도문〉 중에서

단번에 되는 건 아닐지라도 노력하면 언젠가는 된다. "승리
하기란 아주 힘든 일이지만 때론 승리할 때도 있는 법"[3]이니까.
거저 주어지거나 쉽게 주어지는 건 세상에 없다. 가만 있으면
아무 일도 일어나지 않는다. 승리를 한 번 맛보면 태산 같은 용
기를 얻게 된다. 그냥 한번 툭, 거절해봤을 뿐인데, 어! 아무 일
도 일어나지 않네, 뭐라 할 줄 알았는데 그냥 넘어가네, 이런 식
으로 말이다.

한 줌밖에 안 되는 승리라도 몇 번 경험하다 보면 간이 커지
게 되어 있다. 그래서 점점 더 센 것에 도전하기에 이른다. 그러
면 어라, 또 먹히네라며 슬슬 재미가 붙는다. 멋지게 큰 거 한 방

날리게 될 상황만 기다리게 된다. 그리 말하기만 해봐라, 가만히 있지 않으리라, 짜릿한 거절의 재미에 맛들어버린다. '재채기' 님이 그랬다.

'재채기' 님이 상담 중반을 넘어가면서 고백했다. 옛날에 자신이 행복하게 사는 줄 알았는데 돌아보니 그게 가짜 행복이었다고. 상담 종결에 이르러 '재채기' 님은 다른 사람의 평가에서 많이 자유로워졌다. 옛날 같으면 이런 말을 하면 저 사람이 나를 나쁜 사람이라고 보지 않을까 염려가 앞섰는데, 이제는 그 염려 단계를 생략하고 곧장 자신이 하고 싶은 말을 편하게 하게 되었다고.

타인과 자신의 마음이 언제 어디서나 일치해야 한다는 건 유토피아적 사고가 아닐까. 그러니 우리 자신에게 진지하게 질문을 던져보아야 한다. 나는 지금 나의 왕국에서 이웃 나라의 몸종으로 살고 있는 건 아닌가.

문학치유 처방전

:거짓 자기

◖ 안톤 체호프의 〈어느 관리의 죽음〉을 읽고 자신 안에 있는 '체르뱌코프'에게 귀를 기울여볼까요. 내 안에 사는 '체르뱌코프'의 삶을 살리는 목록과 죽이는 목록을 열 가지 이상 작성해보세요.

자신이 진짜로 좋아하는 것이 무엇인지, 좋아한다고 착각했던 것은 무엇인지 정리하면 거짓 자기로 살고 있는지 참자기로 살고 있는지 진단해볼 수 있습니다.

◗ 정서emotion가 현재와 관련된 정적인 정서라면, 정동affect은 과거에 뿌리내리고 있는 역동적인 정서입니다. 어떤 일을 만나더라도 늘 화가 난다는 사람, 늘 억울하다는 사람, 늘 외롭다는 사람이 있습니다. 모든 길이 로마로 통하듯 모든 경험이 정동으로 통해서 그렇습니다.

조용한 공간에서 생애 최초의 기억을 떠올려보세요. 최초의 기억을 떠올릴 때 느껴지는 감정이 삶을 이끌고 가는 핵심 감정 확률이 높습니다. 그 핵심 감정이 자신을 이해하는 중요한 열쇠일지 모릅니다. 핵심 감정의 정체를 알아야 그걸 다스릴 수 있는 대안을 마련할 수 있겠지요.

심리적
탯줄을 끊어내라

: 투사적 동일시

친밀한 관계가 심하게 삐거덕거린다면,
그/녀를 비난하기에 앞서 가만히 생각해보아야 한다.
혹시 긁어주어야 하는 찜찜한 마음의 배후가 있지나 않은지.
그래야 투사의 심리 게임에 속지 않고,
투사적 동일시의 희생자가 되지 않을 수 있다.

심리적 구토,   ○
투사

'누설' 님의 아내는 남편과 이혼할 이유를 백 가지도 넘게 들었다. 남편인 '누설' 님이 감 놔라 배 놔라 쓸데없이 참견이 많단다. 비아냥거리기 일쑤란다. 뭐가 못마땅한지 맨날 볼멘소리란다. 트집을 잡는 데는 선수란다. 일만 터지면 몽땅 아내 탓이란다. 원수도 그런 원수가 없단다. 실종된 대화, 심리적 별거는 이미 오래란다. 그러더니 갑자기 적반하장도 유분수란다. 아내 쪽이 아니라 남편 쪽에서 이혼을 선언했기 때문이다.

이혼이라는 극약 처방을 내리고 싶은 맘이야 아내 쪽이 더 간절했다. 아이들이 없었다면 진작 갈라섰을 테니까. 날벼락도 이런 날벼락이 떨어질 줄이야. 릴케의 말마따나 이 지상의 어떤 권세보다 위대한 게 모성인가 보다. 아이들에게 상처만은 주지 말아야 하니, 자존심 따위가 무슨 대수겠느냐고 아내는 죽을 죄인이나 된 마냥 남편에게 무릎까지 꿇었단다. 헤어질 때 헤어지더라도 마지막 부탁 한 가지만 들어달라고. 함께 부부 상담이라도 받아보자고. 그토록 아내가 강경하게 나오는 건 처음 본 터라 남편은 당황스러웠다. '누설' 님이 이길 수 없었던 건 아내가 아니라 아내의 모성이었다.

부부 상담이 진행되면서 그들은 생각지도 못했던, 결정적 진실과 마주하게 된다. 자신의 것이면서도 자신도 모르고 있는 '누설' 님의 어떤 심리였다. 그 모종의 심리가 그들 부부 사이를 이간질했을 줄이야. 자신도 모르는 그 속마음이 아내를 계속 괴롭혀왔던 거다. 그래서 천 길 물속은 알아도 한 길 사람 속은 모르는 거라고 했으리라.

가족사 몇 단락만으로도 '누설' 님이 외롭게 성장했음을 감지할 수 있었다. 무슨 이유에선지 엄마는 누나 편만 들었단다. 집안에 나쁜 일이 일어나면 그 원흉으로 자신을 겨냥했다고. 하루가 멀다고 엄마와 누나가 쏘는 비난의 화살을 맞고 컸다고. 달랑 세 식구만 사는 집에서 한 사람도 자신의 편이 되어준 적이 없었고, 죄인처럼 외롭게 혼자 지내야 했으니. 그런 삶의 이력 탓에 밖에서도 남에게 비난받을까 노심초사하며 지내게 된 거였다. 문제는 뼛속 깊이 새겨진 비난에 대한 두려움을 제대로 풀지 못한 채 결혼에 이른 거였다.

원가족과 얽힌 부정적 감정은 결혼 전에 해결해야 하는데, 안타깝게도 많은 부부들이 그게 무슨 결혼 지참금이라도 되는 듯이 챙겨간다. 제때 소화하지 못한 감정은 거북한 음식물처럼 토하지 않고는 못 배긴다. 그런 불편한 감정들은 가장 가까운 배우자에게 토해내기 쉽다. 배우자는 영문도 모른 채 그 찜찜한 감정을 받아먹고 사는 거다. 물론 당사자도 그 정체를 모르기는 매한가지다.

특히 연말이나 인사철이 다가오면 '누설' 님의 속은 말이 아니다. '동기들은 다 승진했는데 또 나만 누락이네, 내가 하는 일이 그렇지 뭐, 연말 평가에서 우리 팀이 또 꼴찌 하면 어쩌지.' 이렇게 자신이 무능하고 형편없는 사람으로 느껴질 때면 아내를 달달 볶기 시작한다. 애들 학원을 당신 멋대로 옮기는 바람에 애가 저 모양이라는 둥, 당신 때문에 되는 일이 없다는 둥. 아내를 못난 사람, 형편없는 사람, 무능한 사람이라고 트집을 잡는다.

가랑잎이 솔잎더러 바스락거린다고 하지 않는가. '누설' 님이 가랑잎이라면 아내가 솔잎인 셈이다. 가랑잎인 남편은 비난받을까 염려되어 자주 속이 시끄럽게 바스락거린다. 그렇게 바스락거리는 소리를 내는 자신이 마음에 들지 않는다. 마음에 들지 않는 자신 때문에 속이 또 바스락거린다. 어떻게 해서든 이 불편한 마음을 가라앉혀야 한다. 그래서 괜히 가만히 있는 솔잎을 끌어들인다. 솔잎더러 그만 바스락거리라고, 시끄럽다고 비난한다. 네가 바스락거려서 나까지 바스락거리게 된 거라며 뒤집어씌운다. 모함이다. 남 탓으로 돌려서 일단은 면피하자는 거다. 참지 못하고 화내고 있는 자신이 꼴보기 싫으니, 괜히 가만히 있는 옆 사람 탓을 하는 거다. 네가 그렇게 해서 내가 화를 내는 거라고. 이걸 '투사'라고 한다. 자신의 불편한 감정을 다른 사람에게 게워내는 심리적 구토다. 자신 내부의 것을 외부의 것으로 취급하는 비겁하고 고약한 심리적 버릇이다.

　투사는 희생양 증후군에서 비롯되었다.[1] 자신의 불행을 누군가의 탓으로 돌려야 그나마 견딜 수 있는, 허약한 자의 생존법이다. 이런 버릇이 고착되면 편집망상이나 피해망상으로 진행될 수도 있다. 혹시 자신의 속에 있는 분노나 증오, 시기 같은 감정이 거북해 쉽게 남 탓을 해버리지 않는지 돌아볼 일이다.

심리적 탯줄,
투사적 동일시

○

그 사람만 만났다 하면 가위에 눌리는 느낌이다. 그 사람만 만나면 명치끝이 갑갑해진다. 그 사람만 만나면 울화통이 치민다. 그 사람만 만나면 진이 다 빠진다. 그런 경험이 있었다면, 의심해봐야 한다. 그 사람이 아마 자신도 모르게 무언의 심리적 압박을 시도했을지 모른다. '나는 혼자 힘으로 살아갈 수 없으니 나를 돌보라', '당신 혼자 힘으로 생존할 수 없으니 너는 내가 돌봐야만 한다', '너는 비난받아 마땅해', '날 떠나면 너는 불행해질 거야', '너 때문에 내 꿈 포기한 거 알지' 등등. 그런 무언의 압박[2]은 상대방을 몹시 불편하게 만든다.

이런 압박은 친한 관계에서 더 자주 나타난다. 가족이나 친한 친구, 연인 아니면 배우자 정도는 돼야 가능한 일이다. 실은 이런 무언의 병적 의사소통 때문에 친밀했던 관계가 파탄 나기도 한다.[3] 안타까운 건, 파탄을 일으킨 주범이 투사적 동일시라는 사실을 모르고 헤어진다는 거다. 그 정체를 일찍 알았다면, 관계의 늪에서 함께 빠져나올 수도 있었을 텐데.

'빚쟁이' 님[4]이 그랬다. 어머니와 연락을 끊고 지낸 지 2년째다. 어머니만 생각하면 가슴이 미어지지 않는 날이 없다. 어머니는 도박으로 가산을 탕진하고 일찍 세상을 떠난 형의 식솔들까지 건사하면서 모질게 사셨다. 그 바람에 '빚쟁이' 님도 고등학교 때부터 자수성가해야 했다.

'빚쟁이' 님은 결혼 전까지 어머니와 사이가 그럭저럭 괜찮았다고 했다. 정확히 '빚쟁이' 님이 결혼하고 나서부터 어머니가 불편해졌단다. 딱히 그럴 만한 이유가 없었는데 말이다. 결혼 전과 다르게 명절이든 생신이든 어머니 집에만 가면 이상하게 병이 났다. 먹은 게 체하지 않으면 몸살이 나거나 극심한 두통이 밀려왔다. 예정된 대로 머물지 못하고 늘 서둘러 돌아와야 했다. 어머니 집에 가야 할 즈음이면 몸도 마음도 천근만근 무거워지는 것이었다. 그리하여 아예 발길을 끊는 지경에까지 이르렀다.

그런데 2년이나 조용했던 어머니가 돌변하셨다. 한밤중이나 새벽에 불쑥 전화를 걸어 집안을 쑥대밭으로 만들었다. 노여움에 가득 차서 소리를 지르시고 엉엉 우셨다. 달래고 얼러도 소용없었다. 치매 같기도 하고 분노조절장애 같기도 했다. '빚쟁이' 님과 상담을 진행하며 그 가족이 살아온 굽이굽이 고단했던 세월의 결을 따라가보았다. 이야기가 깊어질수록 '빚쟁이' 님과 어머니가 왜 이 지경에 이르렀는지 실마리가 잡힐 듯도 했다.

어머니는 사는 게 아무리 고단했어도 단 한 번도 아들에게 고단하다, 힘들다 하소연한 적이 없었다. 아들이 혼자 애면글면 사는 걸 아는데 차마 자기를 챙겨달랄 면목이 없었던 거였다. 하지만 이젠 이야기가 달라졌다. 아들이 제법 돈도 벌고 자리도 잡은 것처럼 보이니 쪼그라드는 늙은 어머니를 아들이 돌봐주려니 내심 바라셨던 거다. 그런 속내로 아들이 오기만 기다렸다가 운을 뗐던 거다. "지붕을 고쳐야 하는데…", "이 동네에서 우리 집만 화장실이 밖에 있네." 하지만 늘 말끝은 중얼거리거나 흐려지기 일쑤였다. '빚쟁이' 님은 어머니가 그저 하는 소리거니 여긴 거다. 그 어떤 사람보다 강한 분이라고 철석같이 믿고 있었기에 그게 돌봐달라는 말인지 꿈에도 몰랐던 거다.

아들이 속마음을 알아주지 않자 어머니의 섭섭함이 더해갔다. 그래서 '빚쟁이' 님에게 무언의 압박을 가하기에 이른다. '너는 나에게 빚을 졌다', '어서 갚아라'라는 심리적 압박을 행사한 거다. 대놓고 도와달라는 말보다 '너는 빚쟁이'라는 무언의 압박이 상대를 더 부대끼게 하는 법이다. 그런 어머니를 만나기만 하면 아들은 자동으로 빚쟁이 심정이 된다. 죄책감이 스멀스멀 올라오고 가시방석에 앉은 느낌에 사로잡힌다.

그러면 '빚쟁이' 님도 무언의 압박으로 어머니에게 반격을 가한다. 훨씬 더 매정하고 가혹하게 어머니를 대한다. '나도 혼자 어렵게 컸으니 엄마에게 빚 갚을 거 없어'라고 못 박는 거다. 그럴수록 어머니의 체념도 깊어져갔다. 체념이 깊어질수록 인정사정없이 아들을 더 큰 빚쟁이로 몰아붙인다. 그러면 아들은 어머니로부터 점점 더 멀리 도망칠 궁리만 한다. 투사적 동일시의 주 무기인 비언어적 누설이 이렇게 무섭다.

거짓말할 때 코를 문지르는 사람이 있다 난생처음 키스를 하고 난 뒤 딸꾹질하는 여학생도 있다

비언어적 누설이다

겹겹 밀봉해도 새어나오는 김치 냄새처럼 숨기려야 숨길 수 없는 것, 몸이 흘리는 말이다.

- 장옥관, 〈붉은 꽃〉 중에서[5]

몸이 흘리는 비언어적 누설로 인해 '빚쟁이' 님은 어머니와 2년째 인연을 끊게 된 거였다. 심리에도 죄목을 매길 수 있다면

투사적 동일시가 단연 중죄에 들지 않을까. 투사적 동일시의 고삐를 쥐고 있는 사람이 투사자이고, 그 희생자가 투사 대상자이다. 투사자는 투사 대상자에게 특정한 행동이나 심리적 반응을 유발한다. 그러면 투사 대상자는 투사자가 분출하는 감정과 일치하는 방식으로 생각하고 느끼고 행동하게 된다. 병적인 심리적 탯줄로 지탱하는 관계, 한번 엮이면 서로 무서운 늪이 되는 관계가 되고 마는 거다.

그러므로 명심해야 한다. 사랑하는 사람이나 가족과 행복하게 지내려면, 그 관계에 영향을 미치는 자신들의 힘이 반드시 있음을.[6] 자신은 절대 아니라고 방심해서는 안 됨을.

마음에도 가려운 등이 있다 ○

등이 가려울 때가 있다
시원하게 긁고 싶지만 손이 닿지 않는 곳
그곳은 내 몸에서 가장 반대편에 있는 곳
(…)

나의 배후에는

나의 정면과 한 번도 마주 보지 못하는

내가 살고 있다

- 서안나, 〈등〉 중에서[7]

몸뿐 아니라 마음에도 등이 있다는 사실을 일찍 알수록 좋다. 내 몸인데 볼 수 없고 만질 수도 없는 곳, 가장 먼 곳에 있는 등처럼 우리 마음에도 보이지 않는 배후가 있다. '누설' 님과 '빚쟁이' 님도 그걸 몰랐다. 긁어줘야 하는 마음의 배후가 있음을 알고 나서야, 부부 관계와 모자 관계가 회복되기 시작했다.

친밀한 관계가 심하게 삐거덕거린다면, 그/녀를 비난하기에 앞서 가만히 생각해보자. 혹시 긁어주어야 하는 찜찜한 마음의 배후가 있지 않은지. 그래야 투사의 심리 게임에 속지 않고, 투사적 동일시의 희생자가 되지 않을 수 있다. 이게 보이지 않는 마음의 등을 긁어주어야 하는 이유다. 보이지 않는 심리적 탯줄을 끊어내야 하는 이유다.

문학치유 처방전

:투사적 동일시

❮ 셸던 캐시단은 투사적 동일시가 주로 메타커뮤니케이션(표정, 손짓 등 신체 동작이나 대화 중 침묵까지 포함하는 비언어적 의사 전달 수단)으로 이루어진다고 했습니다.

"나는 혼자 힘으로 살아갈 수 없다. 나를 돌보라", "내가 뭘 해야 할까요", "날 도와줄 수 있어요?", "나는 이것을 혼자 처리할 수 없어요" 등의 무언의 압박은 '의존성의 투사적 동일시'에 속합니다.

"당신은 혼자 힘으로 생존할 수 없다", "나를 따르라", "이렇게 해", "내 명령에 복종해" 등은 '힘의 투사적 동일시'입니다.

"너는 나에게 빚을 지고 있다", "나는 손이 문드러질 때까지 일한다", "내가 너를 위해 얼마나 많은 일을 하는지 전혀 모른다" 등은 '환심 사기의 투사적 동일시'입니다.

❯ 자신이 모르는 마음의 배후를 알아야 관계에 탈이 나지 않습니다. 남 탓하는 버릇이 있는지요, 아니면 남 탓하는 사람 곁에서 힘들었던 적이 있는지요. 투사적 동일시로 관계가 힘들어진 적은 없었는지요. 진솔하게 돌아보는 시간을 가져보세요.

Room 2

살아주어
참 고마운
당신에게

살과 뼈는
마음의 내부고발자

: 부정

"나는 정신적으로 아프답니다.
폐 속의 질병은 내 정신적 질병이 넘쳐흐른 것에 불과하지요."
카프카는 펠리체라는 여성과 세 번 약혼했지만 세 번 다 파혼했다.
그는 결핵 환자가 아니라 '펠리체라고 하는 염증' 환자라고 해야 옳으리라.

단속해도
마음은 샌다

    '배차' 님[1]은 요즘 들어 아랫배가 자주 아프다. 며칠 그러다 말겠지 했는데 벌써 석 달째다. 약도 통 들질 않으니 더럭 겁이 났다. 부랴부랴 이것저것 검사를 했지만 원인이 안 잡힌다.

    스트레스로 판단한 의사가 '배차' 님에게 "항상 속을 따뜻이 하시라"라고 말문을 여는 참이었다. 그런데 채 끝나지도 않은 의사의 말을 '배차' 님이 가로채는 거다. 의사 양반 당신 속이나 잘 다스리라고. 의사면 다냐고. 내 속이 따뜻하니 마니 웬 참견이냐고. 속을 따뜻하게 하는 왕도가 있긴 있는 거냐고. 발끈한다. 오장육부에 난로를 설치할까요. 횃불이라도 삼킬까요. 거자를 통째로 삼킬까요. 속사포처럼 쏘아붙인다. 아뿔싸. 이런 난데없는 봉변이 있을까. 의사 얼굴이 하얗게 질린다.

별말도 아니건만 이 환자는 왜 이리 발끈하는 걸까. 알고 보니 '따뜻이'라는 말이 화근이었다. 의사가 그만 환자의 허를 찌른 거다. 누구에게나 들키고 싶지 않은 속마음이 있지 않은가. 그런 속마음은 꼭 복숭아를 닮았다. 남들에겐 별것 아닌 말에, 스치기만 했는데도 퍼렇게 멍드는 마음.

'배차' 님에게도 복숭아 같은 속마음이 있었다. 지독한 외로움이었다. 외로운 것보다 외롭다는 걸 들키는 게 더 끔찍이 여겨질 정도로. 그러니 외롭지 않냐고 누군가 떠보려는 낌새만 느껴져도 화들짝 놀라곤 했다. 심지어 공격적으로 돌변하기까지 했다. 아마 본인도 몰랐을 것이다. 그게 사람들 앞에서 자신의 외로움을 왈칵 쏟아내는 것임을. 아무리 열심히 숨긴다고 해도 새버리고 마는 게 속마음이다. 아무리 꽁꽁 숨겨도 머리카락 한 가닥쯤은 삐져나오기 마련이다.

나의 비밀은 눈물을 거쳐서 당신의 시각으로 들어갔습니다.

나의 비밀은 한숨을 거쳐서 당신의 청각으로 들어갔습

니다.

　나의 비밀은 떨리는 가슴을 거쳐서 당신의 촉각으로 들
어갔습니다.

– 한용운, 〈비밀〉 중에서[2]

　이를 앙다물어봤자, 아무에게도 말하지 말라고 단속해봤자
소용없다. 그만 눈물이 나고 한숨이 나고 가슴이 떨린다. 혼자
만 잘 간수하고 있는 줄 알았는데, 내 마음인데도 내 의지와 다
르게 한순간에 새나갈 줄이야. 마지막까지 들키고 싶지 않았던
속마음이, 짝사랑하는 당신의 시각, 청각, 촉각으로 스며들고야
만다. 사랑이라는 감정만 그러겠는가. 온갖 감정이 다 그런다.
눈빛, 낯빛, 몸짓으로 다 느끼게 된다. 그와 그녀가 외로운지, 슬
픈지, 아픈지, 기쁜지, 평안한지를. 공기를 통해 오감에 스민다.
우리는 서로의 감정을 호흡하면서 만난다.

　'배차' 님을 만났던 의사 또한 환자의 목소리나 표정으로 이
미 알아차렸으리라. 그의 병명이 '외로움이라는 염증'임을. 눈
물, 한숨, 떨림, 쉰 목소리, 무거운 목소리, 식은땀, 창백함, 홍조,
껌뻑거림, 거친 숨소리. 이들이 타인의 시각, 촉각, 청각, 후각에
녹아 들어간다. 그러면 아하, 이 사람이 지금 누굴 사랑하는구

나, 외롭구나, 우울하구나, 슬프구나, 화났구나, 답답하구나, 아프구나, 그 속내를 알아차리게 된다. 이미 소문이 파다한데, 아무도 모른다고 믿으며 둘만 쉬쉬하는 사내 연애처럼 말이다.

그러니 마음을 단단히 결박시켜봤자 모두 허사다. 끝끝내 어떻게 해서든지 속내는 밝혀지고야 마니까. 병원에 다녀온 후, '배차' 님 속이 시끄럽다. 의사에게 미안했다. 자괴감이 밀려왔다. 그리고 혼자서 하는 고백의 말이다. 실은 자신도 얼마나 따뜻하고 싶었는지 모른다고. 따뜻하고 싶은 그만큼 의사에게 소리를 질렀다고. 하지만 누구에게도 말하기 싫었다고. 자신이 외로운 사람으로 비치는 게 죽을 만큼 싫었다고.

그건 초등학교 때부터였다. 2년간 왕따로 지낸 적이 있다. 치욕스러웠다. 그래서 주술을 걸었다. 혼자가 만사 편하다고, 외롭다고 느끼면 지는 거라고, 세뇌를 했다. 그래야 숨을 쉬고 살 수 있었다. 그러지 않으면 자신이 너무 불쌍해 보였으므로. 불쌍해 보이면 쓸모없는 존재라고 무시당할 것 같았으므로.

그렇게 어금니를 물고 살아왔는데, 나이 서른이 넘으면서 여기저기가 이유 없이 아파왔다. 바람 든 무처럼, 찬바람이 쳐들어오는 느낌이었다. 보는 사람마다 늘 한다는 인사말이, 너무 추워 보인다는 거였다.

'배차' 님은 늘 따뜻하고 싶었다. 하지만 그걸 말하는 게 자존심이 상했다. 엄마가 사랑해주길 바랐지만 그 말을 하는 게 수치스러웠다. 사는 게 고달파서 많이 울었지만 슬프다고 말할 수 없었다. 속마음을 보이면 가족이나 친구에게 부담을 주는 것 같았다. 그래서 개미 눈물만큼도 흘리지 않았다. 그걸 숨기고 사느라 지쳤다. 그러다 어느 날 돌아보니 가족도 친구도 다 떠나고 곁에 아무도 없었다. 광야에 혼자 서 있는 느낌이었다.

자신이 알고 하는 '척'도 있지만, 모르고 하는 '척'도 있다. 자신도 모르게, 무의식에서 나오는 '척'을 '부정'이라 한다. 병적 방어기제이다. '척'을 하면 앞뒤가 안 맞으니 오해를 사게 되고, 싸우게 되고, 변명하게 되고, 그러다 관계가 겉돌게 되고 언젠가는 찢어지게 된다. 그래서 '척'을 심하게 하면 곁에 사람이 없다.

그러니 어떤 말을 심하게 부정한다 싶으면 세심하게 귀 기울여봐야 한다. 나 혼자 내버려둬, 혼자서도 잘 살아, 핏대를 세운다면, 진짜 속마음은 제발 혼자 내버려두지 말라는 구조 신호일 수 있다. 엄마 도움은 필요 없다고 핏대를 세운다면, 진짜 속마음은 제발 자기 곁을 지켜달라는 요청일 수 있다.

살짝 감이 잡힌다. 말하지 않았지만 '배차' 님의 몸이 냉한 건, 오랫동안 마음이 춥고 외로웠던 까닭이다. 외로움이 오장육부를 무시로 찔러 아랫배 통증을 유발했으리라. 몸이 아니라 마음이 아팠던 거다. 사람들과 외따로 떨어져 홀로 지내면서 친밀한 교제가 없으면 실제로 춥다. 심리적 추위는 살과 뼈까지 얼린다. 상담실에서 여러 '배차' 님들을 만나고 나서 든 생각이다. 따뜻한 사람의 온기가 만병통치약은 아니더라도 만병통치의 근원이 되는 것만은 분명하다고.

속이 차고 냉한 건 몸이 아니라, 삶이 위험하다는 경고다. 외로우면서도 외롭지 않은 척. 이 '척'이 외로움 못지않게 병세를 더 재촉한다. '배차' 님만 그러랴. 우리도 외롭지 않은 척, 사랑따위 필요 없는 척, 문제없는 척, 상처받지 않은 척, 버림받지 않은 척, 부럽지 않은 척, 있는 척하며 산다. 그래서 우리의 오장육부, 살, 뼈, 피부가 나서서 괜찮지 않다고, 문제가 있다고 내부고발자를 자처하는 것이리라.

살과 뼈는
정직하다

○

살이나 뼈는 거짓을 모른다.

내 무릎의 관절은 요즈음

내 몸무게를 견딜 수 없다고

솔직하게 통증을 호소한다.

살도 마찬가지다. 어디에든

아주 작은 가시만 박혀도

그냥 넘기지 못하고,

꼭 밝혀내야만 한다.

살이나 뼈는 마음과 달라서

아무것도 제 속에 숨겨두지 못한다.

숨겨두었다가는 그것이 암이 되어

죽게 되기 때문이다.

거짓보다는 죽음을 선택할 만큼

살과 뼈는 정직하다.

- 유승우, 〈살과 뼈는 정직하다〉[3]

살과 뼈가 정직하니 망정이지, 살과 뼈까지 척을 한다고 상상하면 끔찍해진다. 살과 뼈가 발산하는 통증은 죽을 수도 있음을 알리는 사이렌이다. 살과 뼈가 이리 고마울 수가 없다. 마음은 얕건 깊건 속마음을 숨기려 들지만, 살과 뼈는 좀체 뭐든 숨겨두는 법이 없으니 말이다. 죽을 정도로 아파야 정신을 차리는 법이다.

처음에 살과 뼈는 작은 신음으로 아프다고 속삭였을 것이다. 그러고도 못 알아먹으니 이대로 뒀다간 죽겠다 싶어 비명을 지르며 비상벨을 울리는 거다. 《변신》의 작가 프란츠 카프카Franz Kafka도 고백했다. "나는 정신적으로 아프답니다. 폐 속의 질병은 내 정신적 질병이 넘쳐흐른 것에 불과하지요." 카프카는 펠리체라는 여성과 세 번 약혼했지만, 세 번 다 파혼했다. 그는 결핵 환자가 아니라, '펠리체라고 하는 염증' 환자라고 해야 옳으리라.[4] 참을 만하다고, 괜찮다고 스스로를 속여도, 그렇지 않다고 결핵이 비상벨을 울려준 거다. 이쯤 되면 살과 뼈의 반란이라 부를 만도 하다. 이걸 정신분석학은 신체화 방어기제라고 한다.[5] 속마음을 부정할수록 살과 뼈가 아프다. 얼마나 다행인가.

그러니 살과 뼈를 잘 보살펴야 한다, 아니 살과 뼈의 반란 동기를 찾아야 한다. 혹여 감정이 신체를 인질로 붙들고 삼았을 수도 있으니까.[6] 잠재의식(자네Janet 용어)에, 무의식(프로이트 용어)에, 암묵기억(인지과학 용어)에 꽁꽁 가둬뒀을지라도, 살과 뼈까지 속이진 못하니까. 감당할 수 없는 일을 겪으면 기억을 상실해버리기도 한다. 하지만 그 사건과 관련된 소리, 색깔, 모양 앞에서는 심장박동이 빨라지고 피부의 경련이 일어나게 된다.[7] 그렇다. 감쪽같이 마음을 속일지라도 살과 뼈, 그리고 감각까지 속일 수는 없으니까.

저항,
상담의 고비

연애라는 동네에서 약방의 감초는 밀당이 아닐까. 적당한 밀당이 있어야 연애가 재미있다. 덜 사랑하는 척, 안 보고 싶은 척, 많이 화난 척, 괜찮은 척. 밀당이라면 상담도 연애 못지않다. 아닌 척하는 '배차' 님이 상담실에는 수두룩하기에. 상담을 잘하다가 어느 날 갑자기 상담이 쓸데없는 일이라고 불평하거나, 무단결석하기도 하며, 갑자기 상담비가 비싸다고 불퉁거리기도 하고, 상담사의 생김새며 옷차림이 꼴 보기 싫다고 시비를 건다. 가만히 보면, 들킬까 봐 꽁꽁 묶어두었던 속마음이 들키려고 할 때쯤 주로 이러는 것 같다.

지독히 외롭다고, 사랑받지 못했다고, 버림받았다고, 성격에 문제가 있다고 인정하는 게 죽을 만큼 힘들어서 그러는 거다.

그걸 인정하면 형편없는 존재가 될 것 같아서, 불쌍해질 것 같아서, 너무 초라해질 것 같아서 아니라고 아니라고 저항하고 보는 거다. 이 저항이라는 고비를 넘겨야만 따뜻한 남쪽 나라의 마음에 이를 수 있는데…. 하지만 상담사는 그 밀당에 지면 안 된다. '배차' 님의 마음이 따뜻한 남쪽 나라에 이를 때까지 인내하며 함께 버텨주어야 하는 사명이 있기에.

저 깊고 깊은 원시의 숲속 어딘가에 묻어놓은, 하도 오래되어 그 위치도 가물가물한, 그 낯설고 불편한 마음이라는 녀석을 만나는 건 누구에게나 두렵다.[8] 두렵기에, 너무나 두렵기에, 마음의 핵심에 가까이 갈수록 저항이 강풍처럼 일어나는 거다.

하지만 자신의 것이면서도 숨겨놓은 자식이라도 되는 양 꽁꽁 숨겼던 속맘을 털고 나면 이구동성으로 말한다. 두렵고 불쾌할 줄 알았는데 막상 가까이서 보니 상상한 만큼은 아니라고. "감추려고, 덮어두려고만 들지 말고 함께 상처를 치료했더라면 좋았을 텐데. 상처에 바람도 쐬어주고 햇볕도 쪼여주었으면 나무의 옹이처럼 단단하게 아물었을"[9] 거라고. 지레 겁먹고 도망 다니느라 엄한 살과 뼈만 혹사했다고. 이제라도 떳떳하게 당당하게 자신의 속마음과 마주하니 편해졌다고. 자유로워졌다고. 가벼워졌다고. 따뜻해졌다고.

문학치유 처방전

:부정

◀ 현진건의 소설 〈B사감과 러브레터〉를 읽어보세요. B사감의 입장이 되어 속으론 간절히 연애하고 싶지만 차마 속마음을 숨기고 살아야 했던 심정, 그 외로움을 느껴보세요. 그리고 남모르게 꽁꽁 숨기고 있는 자신 속의 B사감과 솔직하게 대화하는 시간을 가져보시기 바랍니다.

◀ "내 속엔 내가 너무도 많아 당신의 쉴 곳 없네"로 시작하는 시인과촌장의 노래 〈가시나무〉 노랫말을 음미해보세요. 아닌 '척' 방어하느라, 마음을 숨기느라 타인을 아프게 찌르진 않았는지요.
그리고 마음의 준비가 되셨다면, 안전한 누군가와 김경미의 시 〈해명〉을 함께 읽으면서 마음속 무거운 돌덩어리를 내려놓아보세요.

현실적인,
너무나 현실적인

: 우울

스스로 물어봐야 한다.
"우리를 비난하는 사람들을 배심원석에 앉혀놓고 피고석에 앉아
우리의 행위를 변명하고자 하는 강박에 사로잡혀 있지" 않은지 말이다.
자신을 이리 가혹하게 대하는데 어찌 행복해질 틈이 있겠는가.

슬픔은
우울의 밥

○

"저는 괜히 태어났나 봐요. 살아서 뭐해요."

'찬슬' 님[1]은 지난봄 모란꽃 필 무렵 자신을 버리고 떠난 약혼자로 가슴이 먹먹하다. 숱하게 울리던 카톡도 전화도 그때 이후 동시에 멎었다. 세상에 홀로 내동댕이쳐진 느낌. 장마처럼 쏟아지는 눈물. 가슴은 먹먹하고 눈앞은 막막했다. 이별의 시기를 지나면 누구나 경미하게나마 이런 반응성 우울장애를 보인다.

1년이 지났으니 이젠 좀 나아졌을 때도 됐건만 '찬슬' 님은 여전히 그대로다. 만사가 귀찮고 매사가 슬프다. '찬슬' 님은 고

목처럼 말라간다. 상실감이야말로 우울증이 제일 좋아하는 밥이므로. "아! 내 세상에 태어났음을 원망 않고 보낸 / 어느 하루가 있었던가"[2] 밥 한술 뜨면 눈물은 서너 술 떠야 했다.

이별 앞에선 장사가 없다. 말을 안 해 그렇지 이별의 홍역을 치르느라 다들 죽도록 힘들었다. 이별만 어디 그러랴. 관계든, 재산이든, 일이든, 꿈이든, 뭔가 중요한 걸 단 한번이라도 잃어본 사람은 안다. 뭔가를 얻었을 때보다 뭔가를 잃었을 때 느끼는 감정이 훨씬 더 강렬하다고 한다. 그래서 흐뭇함이나 기쁨은 쉬 사그라지지만 슬픔과 절망은 맹렬한 기세로 타오른다.

상실을 이겨내려면 죽을 만큼 고통스러운 게 당연해 보인다. 그래도 다들 어찌어찌 감내하고선 기어코 일어선다. 그런데 우리 '찬슬' 님에겐 이별 끝이 유난히 맵다. 두 발로 서 있을 힘도 없다. 망연자실이다. 걷는 게 걷는 게 아니고, 먹는 게 먹는 게 아니다. 손가락도 까딱하기 싫다. 밤엔 눈 감기가 겁나고 아침엔 눈 뜨기가 겁난다.

이대론 안 되겠다 싶었던지 '찬슬' 님이 상담을 모색한다. 잘했다고 응원은 못 해줄망정, "사랑하고 헤어지는 게 사람의 일인데 그깟 일로 상담실까지 찾느냐", "시간이 약이니 버텨봐라", 주변에서 어깃장을 놓기도 했단다. 누구나 겪는 사람의 일이라 해도 사람마다 그 체감 정도가 천차만별임을 몰라서 그러는 거다. 자존감이 낮거나 이전에도 다른 상실로 크게 덴 적이 있다면, 남들보다 몇 배 더 힘들기 마련이다.

'찬슬' 님은 1년 중 삼백예순 날을 울고 지낸다고 했다. 상담사의 도움도 도움이지만[3] 약물치료가 더 시급해 보였다. 이대로 방치했다간 위험할 수도 있기에 약물과 상담을 병행했으면 좋겠다고 했더니 말을 꺼내기가 무섭게 손사래부터 친다. 그래도 상담사는 설득을 포기해선 안 된다. 심해지면 자살 사고가 올라올 수도 있고, 때를 놓치면 나중에는 프로작[4]을 더 오래 먹어야 할지도 모르니까. 간신히 설득한 끝에 약을 병행했다. 그러길 한 달이 지났을까. '찬슬' 님은 표정이 한결 편해져서는 괜히 고생했다고 약을 진작 먹을 걸 그랬단다.

찬란한 슬픔의, ○
봄은 온다

"나 때문이야"라며 모든 일에 자신을 탓하거나 "나는 뭘 해도 안 될 거야"라며 미래를 통째로 부정하거나 "사회가 이 모양이라 실패한 거야"라며 환경만을 탓하는 경우[5], "1등을 하지 않으면 실패한 인간이야"라는 비합리적 신념에 빠지거나 "이젠 끝이야"라고 매사에 파국적 해석을 하거나 "상사들은 다 그 모양이야"라고 과잉 일반화하는 경우를 쉽게 만난다. 이런 인지적 오류들이 바로 우울증을 일으키는 주범들이다.

주변을 돌아보라. 유효기간이 새겨진 사랑이 수두룩하다. 사랑의 초심자들일수록 "사랑도 사람의 일이라 만날 때에 미리 떠날 것을 염려하고 경계[6]"해야 하거늘, 사랑은 영원하리라는 비합리적 신념과 더 친하다.

그래서 실연은 일상의 일이 아니라 몹쓸 일이 된다. "돈벌이가 시원찮아서 헤어진 거야", "그때 그렇게 말하지 말았어야 했어", "시시콜콜 참견하지 말 걸"이라면서 자신을 달달 볶아댄다. 이러는데 어찌 우울해지지 않겠는가.

스스로 물어봐야 한다. "우리를 비난하는 사람들을 배심원석에 앉혀놓고 피고석에 앉아 우리의 행위를 변명하고자 하는 강박에 사로잡혀 있지[7]" 않은지 말이다. 지나치게 현실적일수록 우울증에 걸리기 쉽다고 한다. 그러면 염려가 많아지고 무언가가 조금만 잘못되어도 그냥 넘어가질 못하는 거다. 게다가 그게 홍수든 태풍이든 나쁜 일이 생겼다 하면 자기 탓으로 돌리기 십

상이다. 자신을 이리 가혹하게 대하는데 어찌 행복해질 틈이 있
겠는가.

> 그는 행복은 자신과는 어울리지 않으며, 맞지 않은 옷을
> 입었을 때처럼 늘 부자연스러운 것일 뿐이라고 생각해
> 왔다. 언제나 최악의 경우를 대비하고 받아들일 준비를
> 하며 살았기 때문에, 자신의 보호막을 스스로 걷어버리
> 고 행복함에 푹 젖어들기가 어려웠다. 그의 비망록에는
> 행복이라는 단어는 존재하지 않았고, 당연히 기대하지
> 도 않았다.
>
> — 기욤 뮈소, 《구해줘》 중에서[8]

이 지경이면 꽃이 눈에 들어올 리 없다. 화려하고 아름답게
핀 꽃은 자신과 어울릴 턱이 없으니 떨어지는 꽃, 시든 꽃만 더
잘 보인다. 꽃이여, 제발 떨어져만 다오. 그러면 득달같이 달려
가 그동안 쌓였던 설움 다 쏟아내겠다는 식으로, 불행을 자처하
고 감행하려고 태어난 사람처럼 행동한다.

웃음을 잃게 되면 스트레스의 역치가 낮아지고 세포도 병든
다. 우울한 사람들은 행복지수를 알려주는 텔로미어가 대체로

짧다고 한다. 텔로미어는 노화와 함께 점점 줄어드는데 짧아질수록 암이나 알츠하이머, 그리고 심혈관 질환의 발병률이 높아진다. 생물학적 나이가 같더라도 우울할수록 노화 속도가 더 빨라진다는 이야기다.[9]

우울하니 텔로미어가 짧아지고, 텔로미어가 짧아지니 슬픔만 더 찬란해지게 된다. 갈수록 마음이 해지고 찢어지고 구멍이 난다. 남루하고 초라해 보인다. 숨어 지내고만 싶다. 그러니 그런 기미가 보일락 말락 하면 지체하지 말고 상담 관련 책을 읽거나 상담실 문을 두드려야 한다.

너만 그런 게 아니니 괜찮다고 수천 번 다독거려주는 게 상담이다. 삶은 기쁨도 있고 슬픔도 있는 거라고 수만 번 북돋아주는 게 상담이다. 그렇게 넘치는 응원과 지지를 받아야 주저앉았던 마음의 관절이 다시 일어설 힘을 얻는다. 고사목 같은 마음에도 새순이, 꽃망울이 돋는다.

'찬슬' 님들을 만나는 상담사들도 한때는 또 다른 '찬슬' 님이지 않았을까. 그 마음을 누구보다 잘 알기에 지금의 '찬슬' 님들을 안아줄 수 있는 거다. 상담사는 찬란한 슬픔에 잡아먹히지 않으면, 찬란한 슬픔 끝에 봄을 끝내 만날 수 있다는 믿음을 품어야 한다. 그렇게 하여 종교는 아니지만 상담도 내담자에게 모종의 세례를 베푸는 거다. 상담 후에 만나는 세상은 그 전과 전혀 딴판으로 펼쳐지기에.

그렇기에 그전에 알던 시도 전혀 딴판으로 다가오곤 한다. 그래서다. 상담사가 된 이후에 재회한 김영랑의 시 〈모란이 피기까지는〉이 전혀 다르게 느껴지는 것도. 예전엔 이 시의 언어가 청량하고 아름답다 느껴졌었는데, 이젠 언어 사이에 번진 눈물이 찬란하게 느껴진다. 예전엔 언어의 아름다움에 먼저 물들었다면 이젠 슬픔에 먼저 물들게 된다.

　모란이 피기까지는

　나는 아직 나의 봄을 기다리고 있을 테요

　모란이 뚝뚝 떨어져버린 날

　나는 비로소 봄을 여윈 설움에 잠길 테요

　오월 어느 날 그 하루 무덥던 날

　떨어져 누운 꽃잎마저 시들어버리고는

　천지의 모란은 자취도 없어지고

　뻗쳐오르던 내 보람 서운케 무너졌느니

　모란이 지고 말면 그뿐, 내 한 해는 다 가고 말아

　삼백예순 날 하냥 섭섭해 우옵내다.

모란이 피기까지는

나는 아직 기다리고 있을 테요, 찬란한 슬픔의 봄을

— 김영랑, 〈모란이 피기까지는〉[10]

살아온 날들을 ○
세어보니

인생이라는 시련의 학교엔 졸업이 없다. 라이너 마리아 릴케의 말마따나 목숨이 붙어 있는 한 우리가 완수해야 할 시련도 끝나지 않는다. 삶의 본색이 워낙 그렇다. 시련이 하나 갔나 보다 하면 또 다른 시련이 기다렸다는 듯이 등장하기에. 그렇다고 지레 겁먹을 필요는 없다. 시련의 연속이 삶이기도 하지만 기적의 연속이 삶이기도 하니까.

바닷가에 매어둔

작은 고깃배

날마다 출렁거린다

풍랑에 뒤집힐 때도 있다

화사한 날을 기다리고 있다

(…)

살아온 기적이 살아갈 기적이 된다고

사노라면

많은 기쁨이 있다고

– 김종삼, 〈어부〉 중에서[11]

어부만 풍랑을 만나랴. 사는 일이 고깃배 같은지라 갖가지 풍랑을 만난다. 배신, 갑작스러운 사고, 억울함, 실패, 모함, 과실 등. 잔 풍랑도 만나고 큰 풍랑도 만난다. 풍랑뿐이랴. 가뭄도 만나고 홍수도 만나고 벼락도 만난다. 그러니 나이가 들수록 내가 살아온 날을 세어볼 시간이 늘어난다. 내남없이 삶의 배가 뒤집혔지만 지금 여기에 이렇게 살고 있지 않은가. 살아온 기적을 헤아리고 셈할 줄 알면, 지금 닥친 상실의 깊은 골짜기를 못 지나갈 이유가 없다.

우울에 빠진 사람을 어느 소설 문구를 빌려, "행복해야 할 의무를 소홀히 한 죄"를 지은 죄인으로 몰아붙일 생각은 없다. 하지만 행복도 배우고 노력해야 한다는 생각에는 적극 동의하련다. 살아온 기적을 되새기는 자만이 살아갈 기적을 만들어낼 수 있다고. 그게 행복을 쟁취하는 유일한 방법이다. 과거의 들숨을 쉴 때는 살아온 게 기적임을 되새기고, 미래의 날숨을 쉴 때는 살아갈 기적이 있음을 되새기며 살아가면 좋겠다.

문학치유 처방전

:우울

❙ 인생에서 만나는 자연스러운 슬픔을 우울증으로 바꾸려면 자신에게 닥친 불행에 대해 끊임없이 '자책만' 하면 됩니다. 그러니 '자책하기만 멈춰도' 우울증 발병률이 극적으로 떨어지겠지요.

감사의 약이 좋습니다. 다섯 가지 이상 감사의 목록을 적는 것으로 하루를 마무리하시고, 그 목록을 읽으면서 새 아침을 여세요. 그렇게 한 달만 해보세요.

❙ 정신과 의사이며 작가인 폴 투르니에는 기독교인 우울증 환자에겐 성경의 〈시편 23편〉을 처방한다고 합니다. 시를 읽으면서 프로작을 복용하면 훨씬 효과적일 수 있습니다. 좋은 언어를 만나면 세로토닌이 촉진되어 마음의 온도가 올라가니까요.

❙ 가족이나 친구끼리 안아주기를 자주 하면 좋습니다. 스킨십이 행복감을 높여주는 호르몬인 옥시토신 분비를 촉진하고 스트레스를 완화해, 심장 박동 수와 혈압을 낮추는 효과가 있다고 실험을 통해 밝혀졌습니다.

기억을
기억하라

: 해리

마취제도 없던 시절 생살을 꿰매야 하는 상황,
관우가 택한 지략은 바둑 두기였다.
'관우'가 신체적 고통을 정신으로 방어했다면,
비극의 주인공인 '오이디푸스'는 정신적 고통을 신체로 방어한다.
송곳으로 자기 눈을 찔러 의도적인 해리를 시도한다.

마음에도   ○
얼룩이 진다

"씻고, 빨고, 쓸고, 닦고, 청소를 멈출 수가 없어요."

'망각' 님[1]은 남편의 폭력으로 죽을 고비를 몇 번이나 넘겼
다. 아내만이 아니었다. 두 아들도 의붓아버지의 상습적인 폭행
에 함께 시달려야 했다. 그러던 어느 봄날, 익숙한 풍경이 또 벌
어진다. 남편은 만취 상태였고 다음 수순은 늘 그러하듯 때리고
부수는 거였다. '망각' 님이 외출했던지라 그날은 남편과 큰아
들의 몸싸움이 치열했다. 그날따라 작은아들이 여느 때와 달리
훨씬 초조해 보였다. 공포를 이길 수 없었던지 작은아들이 그만

식칼을 집어 들고 만 거다. 하늘이 무심한 건지 유심한 건지. 칼을 들기 무섭게 그 위로 남편이 넘어진다.

"사람이라면 누구나 살인을 저지를 수 있다. 순전히 상황 때문"[2]에 그렇다. 남편의 죽음으로 지긋지긋한 폭력은 마침내 종지부를 찍는다. 그런데 그 종지부가 '망각' 님과 두 아들에게는 또 다른 고통의 예고편이 될 줄이야.

칼을 들고만 있었을 뿐인데 의붓아버지가 자신이 든 칼에 찔려 넘어지자 작은아들은 정신을 잃고 만다. 그 순간 어머니가 뛰어들어오고 놀란 형이 쓰러진 동생을 업고 뛰쳐나간다. 그때 형의 등에 업힌 동생은 보았지만 형은 보지 못한 결정적 장면이 하나 있다. 어머니가 집에 불을 지르는 장면이다. 꼭 그 마음이었으리라. 남편이 죽기를 바라는 마음. 불을 지르자마자 '망각' 님은 미친 듯이 집을 탈출한다.

재판 과정에서 아버지의 사인은 칼이 아니라 불이라고 밝혀진다. 질식사했다는 거다. 불을 지른 어머니가 영락없이 살인자가 되는 순간이었다. 어머니 없이 살아가야 한다는 사실에 앞이 캄캄해진 작은아들이 몹쓸 마음을 먹는다. 미성년자에게 어머니라는 보호막을 잃는다는 건 사형선고와 다를 바가 없다. 나부터 살고 봐야 하니 무슨 마음을 못 먹겠는가. 순전히 생존 본능이었다.

동생은 방화범으로 형을 지목하고 만다. 그렇게 형은 억울하게 살인자가 되고 오래 수감자 신세에 빠진다. 동생에 대한 배신감과 억울함, 청춘을 감옥에서 보내야 하는 스트레스가 어떠했는지는 형의 머리카락 색만으로도 충분히 가늠이 된다. 젊은 나이에 형의 검은 머리는 허연 파뿌리로 뒤덮였으니 말이다.

한데 아무리 생각해도 이상하다. '망각' 님 말이다. 자식이 저지른 죗값을 부모가 대신 치르는 경우는 봤어도 이런 경우는 낯설기 그지없다. 동생이 형을 방화범이라 지목하며 거짓을 고하는데도 방화를 저지른 당사자인 어머니가 침묵했다는 게 말이 되는가. 뭔가 석연치 않다. 게다가 엄마 대신 구치소 신세를 지고 있는 아들을 대하는 '망각' 님이 의외로 당당하다는 거다. 어떤 맥락이 없고서야 이럴 수는 없으리라.

칼과 불, 그리고 죽음. 그 사건이 있었던 날로 다시 돌아가보자. '망각' 님은 그날 제정신이 아니었다. 작은아들이 든 칼에 남편이 찔렸는데 제정신일 엄마가 어디 있으랴. 단 몇 분이었다. 그 끔찍한 폭력에서부터 아들과 자신을 구해야 한다는 생각밖에 없었으리라. 그때 라이터가 눈에 들어온다. 본능적으로 불을 지른다. 남편이 다리를 잡는 걸 뿌리친다. 공포에 사로잡혀 맨

발로 집을 뛰쳐나온다. 집 밖으로 뛰쳐나와 몇 발자국을 못 가 쓰러진다. 그때 레테의 강을 건넌 거다. '망각' 님은 그 순간을 기점으로 자신이 불 지른 일 자체를 망각해버렸다. 그 끔찍한 기억을 끌어안고 살아갈 자신이 없었나 보다. 게다가 작은아들마저 방화범으로 큰아들을 지목하니 그게 의심할 여지가 없는 진실이 된 거였다.

'망각' 님이 집에서 한시도 가만히 있지 않는 건 모두 그 때문이다. 쓸고, 닦고, 빨고, 씻느라 달리 짬이 있을 새가 없다. 영업집도 아니고 한 달 치 가정집 물세가 족히 10만 원을 넘길 정도다. 하루가 멀다 하고 이불 빨래다. 심지어 어제 한 빨래를 오늘 또 하기도 한다. 월, 화, 수, 목, 금, 토. 요일별로 짜인 청소 목록이 달력에 빼곡하다. 다 끝낸 설거지를 다시 꺼내는 일도 부지기수다. 팔꿈치엔 테니스엘보가 무릎엔 퇴행성 관절이 찾아온 지 오래다. 아들만 보면 씻으라는 잔소리가 마를 날이 없고, 손엔 물 마를 날이 없다.

이쯤 되면 청소는 흔히들 하는 그런 청소가 아니다. 그렇다. 남편이 질식사하던 그때 그 사건으로 싹튼 죄책감, 그 찜찜함을 없애고자 청소에 매달렸던 거다. "종이 위의 물방울이 / 한참을 마르지 않다가 / 물방울이 사라진 자리에 / 얼룩이 지고 비틀려

/ 지워지지 않는 흔적이 있다"[3] 기억보다 감정의 유효기간이 훨씬 길고 그 강도도 훨씬 세다. 얼룩지고 비틀리던 그때 그 느낌이 무의식 깊이 남아서 늘 찜찜함을 일으키는 거였다. '망각' 님에게 청소는 그 얼룩을, 그 찜찜함을 지우는 상징적 행위였던 거다.

망각은
무통주사일 뿐이다

전쟁에서 심각한 부상을 입은 군인들의 70퍼센트는 통증을 느끼지 못한다고 한다.[4] 당장 목숨을 건져야 하는 일이 더 시급해서 그걸 느낄 겨를이 없나 보다. 맹수에게 팔이 물어뜯기는데도 통증은커녕 묵묵히 그 광경을 목도했다는 이야기도 놀라운 일이 아닌 듯하다.

그때 나는 내 몸을 떠났다. 나는 침대 옆에서 이 일이 일어나는 것을 지켜보았다. (…) 나는 내가 어찌할 수 없었던 일로부터 분리되었다. 나는 내 옆에 서 있었고 침대

위에는 그냥 나의 껍데기가 있을 뿐이었다. (…) 아무것
도 느낄 수 없었다. 나는 그냥 거기에 있었다.[5]

강간 생존자의 고백이다. 신의 계산된 설계인가. 고통이 임
계점에 이르면 무감각해지는 메커니즘이 있어서 다행이라고
해야 하나. 무감각이나 둔감도 망각의 사촌이 아닐까. 고통을
단 1초라도 덜어내야 한다고 판단한 뇌가 통증을 허락하지 않
는 거다. 당장 살기에 급한 이들에게 망각으로 응급처치를 해주
니 뇌가 고맙긴 하다. 고통을 견딜 능력이 되는가를 우선 고려
해 통증 신호를 내보낼지 말지 결정해주니 말이다.

'망각' 님도 그랬다. 그걸 감당할 수가 없다. 그게 아니어도
사는 게 녹록지 않았으므로. 그런 걸 아는지라 뇌가 고맙게도
그 기억을 삭제해준 거다. 망각이다. 심리학에선 그걸 '해리'라
고 부른다.

사실 고통 앞에서는 제아무리 용맹한 장군이라도 어쩔 도리
가 없다. 《삼국지》의 관우 말이다. 전투 중 화살에 살이 찢기고
만다. 마취제도 없던 시절 생살을 꿰매야 하는 상황, 관우가 택
한 지략은 바둑 두기였다. 바둑에 몰입하면서 고통을 비껴가리
라, 의도적 망각을 시도한 거다. '관우'가 신체적 고통을 정신으

로 방어했다면 비극의 주인공인 '오이디푸스'는 정신적 고통을 신체로 방어한다. 송곳으로 자기 눈을 찔러 의도적인 해리를 시도한 것이다. 사랑하는 아내가 자신의 친어머니라는 믿기지 않는 현실을 차마 두 눈 뜨고 볼 수 없다는 자기 처벌이기도 했다. 살아가다 보면 의식적으로든 무의식적으로든, 몸을 통해서든 마음을 통해서든, 해리하고 싶도록 만드는 상황이 닥쳐온다. 오이디푸스도, '망각' 님도 망각하려고 애쓸수록 마음 더 깊은 곳에 고통이 각인된다.[6]

> 우리가 일반적으로 치통이라고 부르는 것에 동반되지 않은, 치아의 어떤 부패 상태를 '무의식적 치통'이라고 한다. 그리고 그러한 경우에 우리는 치통이 있지만 그것을 알지 못한다는 표현을 사용한다.[7]

'망각' 님이 꼭 저 상태이다. '무의식적 치통'을 앓았던 거다. 속은 썩어 문드러지고 있음에도 통증이 느껴지지 않는 상태. 죄책감이라는 통증이 있는지조차 모르는 상태. 그래서 자신이 왜 그러는지도 모르는 채 열심히 쓸고 닦았던 거다. 의식에선 증발해버렸어도 무의식 깊이 얼룩진 죄책감을, 후회를, 미움을, 두려움을 지우려는 하나의 의례였다. 종이의 얼룩은 옆으로 번지지만 마음의 얼룩은 무의식 저 밑으로 파고든다.

삭제된 기억일지라도 ○
어떤 방식으로든 기억이 난다

봄만 오면 왜 그리 우울한지 모르겠다고 하는 친구가 있었다. 알고 봤더니, 진달래꽃이 진분홍색으로 물들던 어느 봄철에 그토록 믿었던 연인에게 배신을 당했더랬다. 이상한 건 그 사람 생각을 별다르게 하지 않는데도, 봄만 되면 배신으로 얼룩지고 뒤틀렸던 마음이 아른거려온다는 거다. 10년이 지났어도 배신당했던 그때 꼭 그 정서적 질감으로, 잊을 만하고 아물 만하면 얄궂게도 봄은 또 오고 꽃은 또 피어 상처를 덧낸다고.

그런가 하면 어떤 친구는 첫눈이 흰 꽃잎을 흩뿌리는 날이면 마음 한구석이 칼로 도려내지는 통증을 느낀단다. 첫눈이 오는 어느 해, 고생만 진탕 하다 교통사고로 세상을 뜨신 어머니가 생각나 견딜 수 없다고. 찬바람이 불고 계절이 겨울 문턱을 넘어설라치면 영락없이 마음이 휑하고 어질어질 현기증이 난다고. 어느 시인은 노을이 유독 붉어질 때면 불안해서 견딜 수가 없다고 노래했다. 초승달 칼날이 가슴살을 스윽 베어 마음이 피로 물든다고.[8]

어디서 다친 적도 없는데 다리가 통증과 한기에 시달린다는 참전 해군은 알고 보니 함선이 난파되어 얼음장 같은 물속에서 10시간이 넘게 구조를 기다린 적이 있었다. 그걸 별일 아니라 여기며 살아왔지만 실은 별일이었던 거다. 구조를 기다리는 동안 1분이 100년처럼 느껴졌을 게 뻔하다. 눈앞에서 동료들은 하나둘 죽어갔고, 그다음 차례는 자신이 될 거라는 공포. 다시는 떠올리고 싶지 않은 그걸 별일 아니라 위장했지만 몸은 그때 그 느낌을 고스란히 간직하고 있었다는 이야기다.[9]

지진, 교통사고, 납치, 테러, 폭력, 건물 붕괴, 쓰나미, 선박 침몰, 전쟁 등의 위험에 너무 많이 노출된 현대사회에서 망각 없이 살아가기란 힘들어 보인다. 그래서 진실을 은폐하고 날조하는 망각의 해법을 더 빨리 터득하나 보다. 빨리 잊는 게 당장은 좋아 보이니까. 그래서 대놓고 재촉한다. 빨리 잊는 게 상책이라고, 언제까지 그걸 기억할 거냐고. 얼핏 맞는 소리 같지만 그렇지 않다. 망각할수록 기억은 더 뿌리 깊이 박힐 수도 있으므로.

폭풍우를 만나 삶이 난파되었을 때 당장에는 해리라는 방어 기제가 구명보트가 되어주긴 한다. 제정신으로 살아가기 힘들 때도 있으니까. 그럴 땐 없었던 척, 모른 척, 아닌 척, 자신을 기만이라도 해야 한다. 그래서 해리는 반칙이라기보다는 생존을 위한 변칙에 가까워 보인다. 찰나에 충격적인 사건을 겪고 난 심리의 생리에선 더더욱 변칙이 절실해 보인다.

　　하지만 그렇더라도 변칙은 변칙일 뿐이다. 적당한 때가 되면 용기를 내어 시도해야 한다. 망각으로 인해 얼룩진 관계, 얼룩진 몸, 얼룩진 삶을 되돌려놓아야 한다. 철학자 조지 산타야나의 말처럼 기억을 기억해야 하는 이유다. 그러니 더 늦기 전에, 기억을 기억하라. 망각한 채로 쓸고 닦는다고 해도 과거는 절대 지워지지 않으므로.

문학치유 처방전

:해리

해리가 아니더라도 자신이 하는 이상행동이 있지는 않은지 점검해보세요. 혹시 스스로 생각해도 자신의 행동이 과하다고 느껴질 때가 있나요? 그러면 다행입니다. 문제를 문제로 보면 문제가 안 됩니다. 진짜 심각한 문제는 문제를 문제로 보지 않은 것이지요.

가족이나 지인들에게 자신의 행동에 대해 허심탄회하게 물어보는 것도 좋습니다. 특정 장소를 꺼린다거나, 특정 상황에 예민해진다거나, 특정 행동에 집착한다거나, 특정 인간 군상을 혐오한다거나 하는 등등 말입니다.

안톤 체호프, 도스토옙스키, 에드거 앨런 포, 기 드 모파상, 앨리스 먼로, 앤드루 포터 등의 작가들이 쓴 단편소설을 권해드립니다. 다양한 인간 군상들 속에서 숨은 그림 찾듯 자신과 닮은 인물을 찾아보십시오. 자신을 객관적으로 볼 수 있는 눈이 생깁니다.

소설 속에서 그냥 싫어지는 인물, 유독 불편한 인물, 괜히 마음이 끌리는 인물, 기분이 좋아지는 인물은 없었는지요. 왜 그런지 생각해보세요. 자신을 아는 데 큰 도움이 될 겁니다.

저는 다시
밝아져요

: 자아상

자아상이 건강하면 삶과 싸움에서 이길 테고,
자아상이 병들어 있으면 질 확률이 높다.
삶에서 만나는 크고 작은 싸움의 승패는
자아상에 달렸다고 해도 과언이 아니다.
그런고로 자아상이 병들어 있다면 한시라도 빨리 성형해야 하리라.

자화상自畵像과
자화증自畵症

　우리는 모두 자신에 대한 이미지를 가지고 살아간다고, 정신
분석학자 하인츠 하트만Heinz Hartman이 말했다. 자신에 대한
이미지를 '자아상self image'이라고 한다. 그런데 한번 새겨진 자
아상은 쉽게 바뀌지 않는다. 그래서인가 보다. 많은 사람들이
어린 시절 새겨진 자아상을 삶이라는 노트에 그대로 받아 적으
며 살아가곤 하는 것은.

　자아상을 글이나 그림으로 표현하면 자화상이라고 한다. 자
화상 하면 시인 최승자가 제일 먼저 떠오른다. 정작 그가 '자화
상'이라는 이름표를 달아준 시는 딱 한 편밖에 없는데 말이다.

어쩌면 자화상이라는 이름표를 굳이 달아줄 필요가 없었을지도 모른다. 그건 여러 시에서 자화상에 버금갈 정도로 자기 이미지에 집착했기 때문이리라. 그녀의 시집을 열고 들어가보라. 허무가 내뿜는 이산화탄소에 숨이 막히고, 소리도 없는 비명에 귀가 먹먹해지리라. 자신을 두고서 "나는 절망이다", "나는 아무것도 아니다", "나는 허무 자체다"라고 절규했으니.

그 고백대로, 그녀는 세상이 비정상적으로 보일 때, 그래서 제정신을 잃을까 불안이 엄습할 때마다 삶이라는 벼랑 끝에서 떨어지지 않으려고 시를 붙들고 버텼다. 비정상적 세상에서 살면서 뽑아낸 시가 어찌 병적 자화상을 출력하지 않겠는가. 예술엔 병 주고 약 주는, 모순적 매력이 있는 듯하다. 역설적이게도 그런 시적 토설이 잠시나마 시인의 심적 고통을 달래주는 진통제요, 신경안정제가 되어주었으니까.

고흐는 또 어떤가. 고흐는 가히 자화상의 화가였다. 왜 그리 자화상에 집착했을까. 고흐라는 이름에는 불운의 복선이 짙게 깔려 있었다. 어떤 연유에선지 몰라도 그의 부모님은 어린 나이에 일찍 세상을 떠난 형의 이름표를 고흐에게 다시 달아주었다. 그로서는 달갑지 않은 일이다. 망자인 형의 대리자로 살아가야 했으니. 태어나면서부터 죽음이 자신의 주위를 서성인다고 느껐을지 모른다. 게다가 목사가 되기 위해 애썼으나 이루지 못한 상실감은 조울증으로 이어졌고, 결국은 조현병에까지 치닫게 된다. 그의 자화상들이 남루한 행색과 일그러지고 불안한 표정 일색인 것이 이상하지 않다.

화가 뭉크도 둘째가라면 서럽다 할 정도로 자화상을 많이 그렸다. 가장 많이 알려진 그림 〈절규〉에는 조현병, 불면증, 알코올 중독, 공황장애를 앓았던 그의 정신 편력이 제대로 녹아들어 있다. 자화상이라 명명하지 않았지만 고통을 절규하는 인물이 뭉크 자신이 아니고 누구겠는가. 어린 나이에 엄마를 병으로 잃은 것도 모자라서 하나밖에 없는 누나마저 병마에게 빼앗겼으니 죽음의 공포가 없었다면 거짓말이리라.

요절한 화가 에곤 실레의 자화상은 하나같이 기괴한 분위기, 비틀린 몸짓, 파편화된 몸, 일그러진 표정이다. 초조함과 불편함이 고스란히 느껴진다. 그는 아버지에게 학대당하며 컸다. 그것도 모자라 매독과 조현병에 걸려 고통스럽게 살다 죽어가는 아버지를 곁에서 지켜보아야 했다.

그러면 물어야겠다. 시인 최승자는 왜 그렇게 자신을 쓰고 또 썼을까. 화가 고흐, 뭉크, 실레는 왜 그렇게 자신을 그리는 데 집착했을까. 병적으로 자기 앓이를 한 게 아니었을까. 자신이 너무 불쌍해서, 처절해서, 스스로 돌보지 않으면 안 되었던 거다. 그러지 않으면 자신이 잘못될 것만 같았기에, 불안했기에. 그들의 자화상에는 자기 연민의 흔적이 깊게 배어 있다. 그렇기에 이들에게는 자화상自畵像보다 자화증自畵症이라는 말이 더 잘 어울릴 듯하다. 상像이 아니라 증症.

자화상이야말로 여과 없이 자신의 내면을 비추는 거울이다. 그게 시가 되었든 그림이 되었든 자신만의 고유한 삶의 음색은 숨겨지지 않으며, 평생 동행한 자기 이미지를 빼닮을 수밖에 없다. 자화상은 심리 진단의 도구로도 손색이 없어 보인다. 그 속엔 절망, 외로움, 병, 불안, 공포의 음색이 깊이 스며 있기 때문이다.

아직 쓰이지 않고 그려지지 않은 여러분의 자화상은 지금 어떤 모습인가.

당신이 밝아야   ○
저도 밝아요

자아상도 뿌리가 있다. 대부분 생애 초기로 거슬러 올라간다.

아기는 입보다 피부를 먼저 벌려 엄마의 숨소리, 말투, 목소리, 냄새, 체온을 먹고 자란다. 아기의 피부는 엄마가 발산하는 감각을 고스란히 흡수하고 저장해 심리적 세포를 형성한다.

이누이트 아이들은 어머니의 맨등에 벌거벗은 채로 업혀서, 배로 어머니의 따뜻한 체온을 느낀다고 한다. 대소변의 배설은 어머니의 등에서 그대로 행해진다. 때로는 어머니가 아기의 얼굴과 손을 혀로 핥아서 씻겨준다. 이러한 강력한 피부 접촉이 이누이트의 자신감과 생존 능력, 그리고 이타적인 행동의 뿌리라고 한다.[1]

정신분석학자 마거릿 말러Margaret Mahler는 생후 2개월에서 6개월을 심리적 세포가 형성되는 시기로 본다. 이때 엄마와 아기는 물리적으로 둘이지만 심리적으로 착 달라붙은 완전 합체를 이룬다. 그래서 아기는 엄마가 자신의 일부라고 착각하고 산다.[2] 아기는 엄마가 기뻐하는 모습을 보면서 자신이 사랑받는다고 느끼고, 엄마가 짜증을 내면 자신이 미움받는다고 느낀다. 엄마의 감정에 따라 아기는 괜찮은 사람이 되기도 하고 형편없는 사람이 되기도 한다. 엄마가 행복하면 세상은 살아볼 만한 곳이 되고 엄마가 우울하면 세상은 살 만한 곳이 아닌 거다.

이렇게 자신의 일부인 엄마를 통해 아기는 자신이 괜찮은 사람인지 아닌지를, 세상이 살 만한지 아닌지를 피부 깊이 새기게 된다. 생애 초기에 아기는 엄마와 접촉하면서 자아상의 새싹을 틔우는 거다.[3] 이때 경험한 좋고 나쁜 기억들이 평생 집요하게 따라다니며 잿빛이냐 하늘빛이냐, 자화상의 명암을 가르기 쉽다. 그렇기에 아이는 말할 수 있다. "당신이 어두우시면 / 저도 어두워요 / 당신이 밝으시면 / 저도 밝아요"[4]라고.

내가 정상이라는 생각이 들어야 세상도 정상으로 보이는 것, 내가 삐뚤어져 있으면 세상도 삐뚤게 보이는 것, 나 자신이 마음에 안 들면 세상도 온통 마음에 안 드는 것. 이게 삶의 이치다. 부정적인 자아상은 주인의 삶을 불행한 곳으로 끝없이 끌고 간다. 이쯤 되니, 도어스The Doors의 유명한 노래 〈이상한 사람들 People Are Strange〉의 노랫말이 떠오른다. 같은 세상에 살아도 자기 이미지에 따라 완전히 다른 세상을 연출하는 법이다.

People are strange when you're a stranger
당신이 이방인일 때
당신 눈에 비치는 사람들은 모두 이상하기만 해요.

Faces look ugly when you're alone

당신이 혼자일 때

그 사람들의 얼굴은 모두 추하게 보이죠.

Women seem wicked when you're unwanted

당신이 인기가 없을 때

여자들은 죄다 사악하게 보이고

Streets are uneven when you're down

당신이 처져 있을 때

눈에 보이는 길은 모두 울퉁불퉁하지요.

　이처럼 자아상은 세상을 여과하는 렌즈다. 자아상이 추하면 세상이 굴절되어 보인다. 착시다. 세상이 온통 이상하고, 추악하고, 울퉁불퉁하게 느껴진다. 안정된 애착을 형성한 아동은 자라서 세상은 괜찮은 곳이며 자신은 가치 있는 존재라 믿고 살게 된다. 불안정한 애착을 형성한 아동은 자라서 세상은 위험한 곳이며 자신은 쓸모없다고 믿고 살게 된다. 세상이 나를 괴롭히는 게 아니라, 내 안에 있는 이미지가 나를 괴롭히는 거다.

나는 아무의 제자도 아니며

누구의 친구도 못 된다.

잡초나 늪 속에서 나쁜 꿈을 꾸는

어둠의 자손, 암시에 걸린 육신.

어머니 나는 어둠이에요.

그 옛날 아담과 이브가

풀섶에서 일어난 어느 아침부터

긴 몸뚱어리의 슬픔이예요.

— 최승자, 〈자화상〉[5]

안타깝게도 최승자의 시 〈자화상〉의 주인공은 자신의 양육
자이자 세상에서 맺은 첫 번째 대상으로부터 밝은 빛, 그 따스
함을 맛보지 못했나 보다. 자신도 세상도 태초부터 줄곧 어둠이
었을 뿐이라고 고백하고 있으니. 왜곡되고 오염된 자기 이미지
를 한 번도 채질하거나 교정한 적 없는 불순한 상태 그대로. 그
러니 스스로 어둠의 자손이라고 만천하에 공개할 정도다. 슬픔
의 독이 해독되기를 기다리기는커녕 도리어 슬픔의 독이 발효
되길 기다리고 있음도 이상하지 않다. 밝은 거리에서 햇빛을 맞

으며 새처럼 지저귀며 꽃처럼 피어나는 아이들은 동화에서나 가능한, 영원히 가닿을 수 없는 낯선 나라의 이야기일 뿐이라 철석같이 믿고 사는 거다.

'나'의 이미지와 싸우는 중

시인 최승자. 문학가로 살고 싶었던 스무 살 시절에 선망하는 시인이었다. 그랬다. 멋진 시적 표현에 눈독 들이느라, 행간에 촘촘히 박혀 있던 상처, 우울과 슬픔, 외로움을 놓치고 말았다. 이제야 아하, 무릎을 치게 된다. 시인이 자신의 삶을 좀먹는 음울한 환영과 착시들과 싸우느라 얼마나 고달팠을까. 상담사가 되고 나서 읽는 최승자의 시는 통증 덩어리요, 신음 덩어리였다.

삶이 큰 파도 없이 순탄하게 흘러갈 때는 자화상이 그럭저럭 봐줄 만하다. 허나 뜻밖에 궁지에 몰리거나 삶이 바닥을 치게 되면 이야기는 달라진다. 그때야말로 진짜 자화상의 민낯을 볼 수 있다. 못생기고, 초라하고, 멍청해 보이고, 한심하고, 허약한 자화상. 이 모습이 나였다니, 도저히 믿어지지 않는다.

그동안 잘 가려주었던 우아한 포장지는 처참하게 찢기고 만다. 고난은 밖에서 왔지만, 엄밀히 말하면 자아상과 싸우는 거다. 자기와의 싸움은 늘 자아상과의 싸움이라고 보면 된다. 자아상이 건강하면 삶과 싸움에서 이길 테고, 자아상이 병들어 있으면 질 확률이 높다. 삶에서 만나는 크고 작은 싸움의 승패는 자아상에 달렸다고 해도 과언이 아니다. 그런고로 자아상이 병들어 있다면 한시라도 빨리 성형해야 하리라.

지금이라도 자화상을 그리거나 묘사해보면 좋겠다. 다른 사람은 속여도 자신을 속일 수는 없지 않은가. 자화상을 통해 자기 이미지를 자가 점검해보았는데, 어두우면 어찌할까 걱정이 앞설 수도 있다. 그렇다면 잘못 입력된 자아상에 더 이상 속지 않겠다고 다짐해야 한다. 그리고 날마다 큰 소리로 고백해야 한다. "나는 원래 못생긴 사람이 아니에요, 그러니 이제는 그 잘못된 암시에서 벗어나겠어요, 저는 멋있는 사람이에요, 저는 다시 밝아져요." 끈질기게 뇌리에 되새김질해야 한다. 강력하게 자기최면을 걸 일이다. 이제 그만 잘못된 자아상의 허물을 벗고 '나보다 더 아름다운 나'를 만나는 혁명을 일으키면 좋겠다.

문학치유 처방전

:자아상

◖ 윤동주, 서정주, 최승자 등 여러 시인의 자화상을 읽고 자신에게 어울리는 자화상을 찾아보고, 그 느낌을 나누어봅시다.

◗ 나만의 자화상을 써봅시다. 기성 시인의 시를 내 상황에 맞게 개작해보아도 괜찮습니다. 자신이 괜찮은 사람이라는 생각은 한순간에 일어나지 않습니다. 수백 번, 수천 번, 수천만 번, 나는 괜찮은 사람이라고 말해주고 믿어주어야 합니다. 햇빛을 흡수해 밤에 빛나는 형광석처럼 주인의 칭찬과 햇빛을 먹고 흡수해야만 자화상도 아름다워집니다.

◖ 《장자》의 〈인간세〉에는 쓸모 있어 보이는 나무는 일찍부터 베어가는 통에 제명을 다할 수 없지만, 쓸모없어 보이는 굴참나무는 아무도 건드리지 않아 멋진 아름드리나무가 되었다는 이야기가 나옵니다.

이제까지 자기 이미지를 오염시켰던 '쓸모 있음'의 잣대는 무엇이었는지, 미래에 만나게 될 자신의 '굴참나무'는 어떤 모습이었으면 하는지 나누어봅시다.

빗발치는
공포의 총알

: 트라우마

스피노자는 고통의 감정에 바짝 다가가야만
고통으로부터 해방될 수 있다고 했다.
고통의 감정을 잘 알면 알수록 그걸 다룰 힘도 세진다고.
나쁜 감정일수록 똑바로 응시하고 확실하게 표현해야
나쁜 정서에 덜 침해당한다고.

외상,
과거를 끌어당기는

일곱 개의 객차가

갑자기 철로에서 탈선한 것은 그때였다.

폭탄이 '쾅' 하고 터지는 소리가 났다

반쯤 죽어가고 있던 사람들의 신음소리

그로부터 7년이 지난 지금까지도

섬뜩한 망령 같은 기억들이

그의 주변을 떠나지 않고 맴돌았다

밀가루처럼 곱게 박살 났던 뼈

고통에 대한 기억 때문에 괴로운 것이 아니었다

그를 괴롭혔던 것은

구조되기 전까지의 기다림에 대한 기억이었다

쉬지 않고 목까지 차오르는 공포,

어쩌면 영원히 구조되지 않을지도 모른다는 공포였다

지금까지도 그는 폐소공포증에 시달린다

엘리베이터 안에서 숨이 막혔고

차 안에서는 양쪽 창문을 모두 열어놓아야 했다

― 줌파 라히리, 《이름 뒤에 숨은 사랑》[1] 중에서

생명의 위협을 느낄 정도로 신체적 공격이나 사고를 당하거나, 불가항력적인 자연재해나 사고사를 목격하면 외상을 입는다고 한다.[2] 살다 보면 누구나 외상을 겪기 마련이지만 어떤 외상은 이후의 삶을 압도하기도 한다.

니콜라이 고골을 보라. 기차 사고를 당한 지 7년이 지났어도 여전히 외상의 망령에 사로잡혀 산다. 기차 사고로 부러진 갈비뼈가 있는 옆구리를 24시간 내내 움켜쥐고서 말이다. 분명 완치

선고를 받았음에도 불안함을 떨칠 수 없나 보다. 이 경우는 그나마 낫다. 주무르기라도 할 수 있는 신체가 남아 있기 때문이다. 사고로 팔이나 다리가 절단된 상황이라면 정말 속수무책이 아닐 수 없다. 잘려나가서 아무것도 없는 그 부위가 계속 가렵고, 쑤시고, 경련이 일어나면 어찌한단 말인가. 이런 증세를 이름하여 환상지통이라 한다.[3] 전투기의 폭격에 잘려나간 다리가 비행기 소리만 들려도 경련을 일으킨다. 살도 뼈도 힘줄도 존재하지 않는 허공에다 진통제를 바를 수도 없고, 찜질을 할 수도 없고, 주무를 수도 없으니 그 괴로움이 이만저만이 아니다. 눈에 보이지도 손에 잡히지도 않는 망령과의 씨름처럼 섬뜩한 일이 있을까.

외상후스트레스장애PTSD[4] 환자들에게 이런 일이 자주 일어난다. '깔끔' 님[5]은 PTSD 환자였다. 침실에서는 절대 잠을 이룰 수가 없단다. 침실에서 자는 날이면 식은땀으로 이불이 흠뻑 젖는단다. 그럼, 도대체, 어디서 자느냐 묻지 않을 수 없다. 화장실에서 잔단다. 공간상으로만 화장실이지 제법 침실답게 꾸며놓았단다. 욕조에 누워 책을 즐겨 볼 수 있는 세련되고 아늑한 화장실. 멀쩡한 침실을 놔두고 화장실에서 괜히 그럴 리가 있겠는가. 이 사연은 아버지의 폭력 이야기로 거슬러 올라가야 이해가 된다. 거나하게 술에 취하면 아버지는 언성을 높였고 그러면 누가 되었든 시비가 붙었다. 그때마다 '깔끔' 님은 집 뒤편 야산으로 줄행랑을 쳤단다. 날이 저물 때까지, 어떤 날은 다음 날 새벽까지 재래식 화장실에 숨어 있곤 했단다.

이미 그 아버지는 이 세상 사람이 아님에도 '깔끔' 님은 아직도 도망자가 되어 화장실에서 잔다. 그에게 화장실은 과거에도 지금도, 빗발치는 불안과 공포의 총알을 피할 수 있는, 안전한 방공호였다. PTSD의 특징은 과거의 불쾌한 감정이 지금도 여전히 침투하면서 괴롭힌다는 거다.

타인이 보기에 '깔끔' 님이 정이라곤 털끝만큼도 없는 냉혈한처럼 보이는 건 그 때문이다. 불쾌한 감정의 홍수에 쓸려가지 않으려고, 불쾌한 감정이 느껴지면 불안해지므로, 그래서 반대급부로 감정을 극도로 억제하고 사는 거다. 그러니 감정의 샘이 완전히 말라버린 거다. 지나치게 깔끔한 것도 그 때문이다. 강박적 깔끔이었다. 모든 강박행동은 불안을 중화시키려는 차악책의 하나다.[6] 책상 위에 놓인 연필이나 펜은 키 순서로 맞춰 놓아야, 각까지 딱딱 맞춰야 안심이 되었다. 빨래는 종류나 색깔별로 개는 순서가 따로 있었고, 규칙에 어긋나기라도 하면 편치가 않았다. 누군가 자신의 물건에 손이라도 댔다 싶으면, 오염이라도 된 듯 싹 다 꺼내 닦아야 했다.

이 정도는 그런대로 봐줄 만했다. '깔끔' 님이 상담에 오게 된 결정적 계기는 어떤 남학생 때문이었다. 아버지의 폭력에 시달리는 한 남학생에게 마음이 쓰여 각별하게 돌봐주고 있다고 했다. 어릴 때의 자신을 보는 것 같아 짠하고, 물심양면으로 도와주고 싶다고 했다. 그러던 어느 날 우연히 그 남학생의 아버지가 어머니를 무차별 폭행하는 걸 보게 되었단다. 갑자기 어린 시절 자신이 아버지에게 맞던 장면이 떠올라 감정이 격해졌단다. 그러다 그만 그 남학생의 아버지와 몸싸움까지 벌이게 되었다는 거다.

그냥 그러고 끝났으면 좋았을 텐데. 다음 날 '깔끔' 님이 경찰서에 가정폭력으로 그 아버지를 신고해버린 거다. 그 신고가 판도라의 상자가 될 줄이야. 가정폭력 신고를 받은 경찰이, 그 집 주소를 검색하더니 어이가 없다는 반응을 보였단다. 아무도 살지 않는 채 폐가로 방치된 지 오래된 집이었던 거다. 경찰도 신고 처리는 해야겠기에 그 집 앞 CCTV를 확인할 수밖에. 그런데 화면에 소름 돋는 영상이 잡히고 만 거다. '깔끔' 님이 혼자서 주먹질하고 발길질하고 넘어지고 엎어지고 그러더라는 거 아닌가.

그렇다. 그 남학생은 과거 외상의 망령에 사로잡힌 '깔끔' 님의 환각이 만들어낸 인물이었다. 존재하지도 않는 인물과 1년이 넘도록 진짜처럼 만날 수 있었다니 그게 정말 가능할까. 과거를 너무 곱씹다 보니 환각에 빠져버리게 된 거였다. '깔끔' 님은 과거에 겪은 폭력에서 아직도 벗어나지 못하고, 영화 필름 돌리듯 재경험하며 지낸 거였다. 외상의 생존자들은 왜 그렇게 고통스러운 외상의 순간을 재현하는 걸까. 외상의 불안을 숙달하기 위해서, 아니면 과거를 어떻게든 다시 바꾸고 싶어서 그런다고 한다.[7]

과거 '깔끔' 님 가족이 아버지의 폭력에 시달리고 있을 때 이웃도 친지도 그 누구도 도움의 손길을 보낸 적이 없었단다. 그게 천추의 한이 되었나 보다. 그때 누구라도 신고를 해주었으면 구출되었을 텐데, 그랬으면 좋았을 텐데…. 그랬더라면 자기 가족이 이렇게 고통 속에 살지는 않았을 텐데…. 그래서 환각의 존재인 그 남학생을 통해 자신의 과거를 바꾸고자 시도했던 거였다. 믿어지지 않겠지만 많은 외상 생존자들이 외상의 순간을 원상태로 되돌리려고 무모한 시도를 하다가, 치명상을 입거나 목숨을 잃기도 한다.

고통의 감정을 인정해야, 해방될 수 있다

　2014년 세월호 사고 후 안산에 동네 상담소가 설치되었을 때, 유족도 아닌 동네 사람들이 심심치 않게 상담소를 방문했다고 한다. 주로 과거에 사고로 가족을 잃었거나 외상을 입은 사람들이었다. 세월호 사고로 인해 잠잠했던 옛 트라우마의 망령이 되살아난 거였다.

　위기를 직접 겪은 당사자만 트라우마를 겪는 게 아니다. 타인이 죽음이나 상해의 위험에 놓이는 사건을 목격했을 때, 그 사고를 같이 당하고도 혼자 극적으로 살아남았을 때, 가족이나 친구에게 외상 사건이 일어났음을 알게 되었을 때, 정도는 다르나 똑같이 외상을 입는다.[8]

　목격자나 생존자는 흔히 자신이 그때 아무것도 못 했다는 죄책감을 평생 떠안고 살아가기도 한다. 2000년 부일외고 학생이었던 김〇〇 씨는 수학여행 중, 연쇄 추돌 교통사고를 당했다. 이 사고로 추돌 차량이 전소하고 학생 등 18명이 숨지고 97명이 다쳤다. 생존자가 된 김 씨는 살아남아 다행이었지만 한편으론 미안함이 더 컸다고 한다. 그리고 자신이 행복해 보이면 유족들이 상처받지 않을까 마음이 쓰였다고 했다.

'깔끔' 님도 그랬다. 아버지의 죽음이라는 친족 살해 사건을 직접 지켜본 목격자이면서 생존자가 된 거다. 그 사건으로 형은 친족 살인자가 되어 수감되었다. 그러니 형 생각을 하면, 자신과 엄마(해리 상태)만 자유롭게 편히 사는 것 같아 마음이 불편했다. 그리고 자신이 행복감에 젖어들라치면, 형에 대한 죄책감에 더 시달려야 했다. 그 죄책감이 자해 충동까지 불러일으킨다. 운전할 때마다 대형 사고가 날 뻔하거나, 위험한 순간이 도처에서 일어나는 것도 다 그 때문이다. 차를 더 험하게 몰아 (무의식적으로) 죽는 길을 선택하려는 거다. 혹독한 자기 처벌이었다.

PTSD에 빠지지 않으려면, 힘들지라도 용기를 내어 적절한 때에 고통의 목록을 낱낱이 호출하여 대면해야 한다. 역설적이게도 스피노자는 고통의 감정에 바짝 다가가야만 고통으로부터 해방될 수 있다고 했다. 고통의 감정을 잘 알면 알수록 그걸 다룰 힘도 세진다고. 나쁜 감정일수록 똑바로 응시하고 확실하게 표현해야 나쁜 정서에 덜 침해당한다고.[9]

스피노자가 상담사였다면 아마도 '깔끔' 님에게 노출 치료를 권했으리라. 의붓아버지가 자신을 폭행할 때, 그가 죽었을 때, 형이 감옥에 갔을 때, 어머니가 살인자로 몰리는 그 순간에, 그

때 무엇을 느꼈는지 물었으리라. 무엇이 보이고 무엇이 들리는지, 무슨 냄새가 나는지, 어떤 느낌이 드는지, 무엇을 생각하는지 자세히 차근차근 물어야 한다. 두근거리는 심장, 긴장된 근육, 풀려버린 다리의 느낌까지도.[10]

무미건조하게 진술하거나 두루뭉술하게 넘어가지 않도록, 감정의 파도와 물결을 생생하게 느끼고 표현하도록 유도했으리라. 그러면 두려움에 얼어버리거나 혐오스러운 나머지 토하기도 하고 소름이 끼쳐 경련을 일으키기도 했으리라. 그렇더라도 한 번쯤은 정면 돌파해야 한다고, 스피노자는 '깔끔' 님 곁에서 끝까지 인내하며 다독였으리라. 그러다 보면 딱딱하게 굳었던 감정이 풀어지고 묵은 마음의 체증도 내려가고 잡동사니 감정도 덜어지리라, 확실히. 시간이 걸리더라도.

14년이 지난 지금도 후유증에 시달리는 부일외고 사고 생존자 김 씨가 세월호 유가족들을 진심으로 걱정하며 남긴 편지의 마지막 구절은 희망의 코끝을 찡하게 한다. "제 이메일은 ○○○입니다. 희생자 가족과 생존자들에게 위로가 되고 싶습니다. 1년이 지나고 10년이 지나도 이메일은 계속 확인할 테니 힘이 들 때 꼭 연락 바랍니다."[11]

동병상련을 겪은 자만이 발휘할 수 있는 따스한 동지의식이 따로 있는가 보다. 트라우마를 겪어본 사람은 안다. 인간이 얼마나 허약한지를. 작으면 작은 대로 크면 큰 대로 저마다의 색깔과 모양으로 상처가 아무는 과정이 필요한데, 그때 누군가 건네는 푸짐한 마음이 얼마나 큰 힘이 되는지 모른다.

　외상에 너무 많이 노출된 시대를 관통하고 있는 우리가 원하는 건 무성의한 동정이 아니다. 진심 어린 공감이다. 니체가 말했듯 동정이 아니라 공감이 친구를 만들기 때문이다. 살아보니 삶이 참 별거 없다. 서로 돌아보아 마음이 눅눅하지 않은지, 가물지는 않은지 알아차리는 친구 몇 명만 있으면 그만이다. 촉촉하고 보송한 마음을 유지하기란 쉽지 않지만, 함께라면 가능하다. 삭막한 시대일수록 마음에도 보습이 필요하다, 공감이라는.

소소한 상처는 자가 처치할 수 있습니다. 자신을 괴롭히는 어떤 영상이 떠오르면 신경언어프로그래밍(NLP) 기법을 써보세요. 상상할 때 화면이 밝을수록 감정이 강해지고 어두울수록 감정도 약해진다고 합니다. 불쾌한 생각이 떠오르면 화면을 얼른 어둡게 바꾸고 아주 작은 크기로 만들거나 아예 우스꽝스럽게 확대하면 공포 완화에 효과가 있답니다. 자신이 삶의 감독자요, 연출자라고 생각하십시오. 불쾌한 장면은 조명을 꺼버리거나 유쾌한 장면으로 필름을 돌리는 연습이 필요합니다.

외국의 한 기숙사에서 끔찍한 살인 사건이 일어났습니다. 얼마 지나지 않아 기숙생들이 선호했던 영화는 놀랍게도 살인을 다룬 주제였답니다. 탈감효과 때문입니다. 공포감을 공포감으로 줄이려는 심리적 전략입니다. 공포를 피하기보다 공포에 노출하는 것이 공포를 줄이는 데 더 효과적이라고 합니다. PTSD에는 노출 치료인 가상현실치료법(VRT), 안구운동(EMDR)이 효과적인데요, 하지만 깊은 트라우마는 지체하지 말고 반드시 전문 의료진의 도움을 받는 것이 좋습니다.

옥시토신을
분비해주세요

: 학대

《아시시의 프란체스코》에서 크리스티앙 보뱅이 한 말처럼,
사람은 몸이 태어나는 것만으로 충분하지 않다.
나는 너를 사랑했다. 나는 너를 사랑한다. 나는 너를 사랑하겠다.
이러한 말들이 살아가는 데 매우 절실한 원소다.

피부는
자아다

○

13인의 아이가 도로로 질주하오.
(길은 막다른 골목이 적당하오.)

제1의 아이가 무섭다고 그리오.

제2의 아이도 무섭다고 그리오.

제3의 아이도 무섭다고 그리오.

제4의 아이도 무섭다고 그리오.

제5의 아이도 무섭다고 그리오.

제6의 아이도 무섭다고 그리오.

제7의 아이도 무섭다고 그리오.

제8의 아이도 무섭다고 그리오.

제9의 아이도 무섭다고 그리오.

제10의 아이도 무섭다고 그리오.

제11의 아이가 무섭다고 그리오.

제12의 아이도 무섭다고 그리오.

제13의 아이도 무섭다고 그리오.

제13인의 아이는 무서운 아이와 무서워하는 아이와 그

렇게 뿐이 모였소.

– 이상, 〈오감도 제1호〉 중에서[1]

　시인이 되리라 열망의 싹을 틔우던 스무 살 무렵, 도저한 삶에
근접하기란 턱없이 얄팍했던 시절, 시 〈오감도 제1호〉는 풀 씹는
느낌 그 이상도 이하도 아니었다. 문학에 대한 열망이 강하다
고 삶의 깊이를 읽어내는 능력까지 보장해주진 않으니까. 그러
다 마흔이 넘어 상담에 입문하고 나서 재회한 이 시는 전혀 다
른 느낌으로 다가왔다. 13명의 아이들이 이 땅에 너무 많아져서
일까. 납량특집 공포영화보다 더 오싹했다. 무서운 아이와 무서

위하는 아이만이 있는 막다른 골목길, 공포의 미궁에 빠진 소리 없는 아우성, 공포에 질린 13개의 눈동자, 절망의 숨소리. 잔혹한 공포에 오래 노출되었던 아이들은 공포공포증phobophobia을 앓기 쉽다. 항시 공포에 사로잡혀 있는 상태가 된다.[2]

쌍둥이 남자아이들이 있었다.[3] 전쟁이 일어나고 갈 곳이 없자 '마녀'라고 불리는 외할머니 집에 얹혀살게 된다. 더부살이가 호락호락할 리 없다. 할머니는 하루를 욕으로 열고 욕으로 끝냈다. 동네 사람들까지 덩달아 그러니 쌍둥이는 당혹스럽기 그지없다. 눈만 마주치면 욕을 퍼부었다. 망할 자식들, 멍청이들, 더러운 놈들, 돼지 새끼들, 깡패, 썩어 문드러질 놈들, 살인자 새끼들. 졸지에 욕받이로 전락하고 말았다.

집에서 제대로 대접 못 받는 아이가 밖에서 제대로 대접받겠는가. 심리의 세계는 묘하다. 바이러스가 있는 듯하다. 온 동네 이웃들이 할머니를 따라 한다. 세 치 혀의 총알과 칼날이 주먹이나 회초리만큼 치명적일 수 있다. 무시하는 어투나 눈빛, 너 따윈 아무짝에도 쓸모없다는 표정, 없는 사람 취급하는 몸짓이 고스란히 아이들의 온몸에 독이 되어 스미고 퍼진다.

말의 총과 함께 눈총까지 맞았으니 쌍둥이의 마음은 상처로 너덜너덜하다. 그래서 디디에 앙지외는 피부가 자아와 직결된다고 갈파했나 보다.[4] 공기 중에 퍼진 말은 색깔, 소리, 냄새가 되어 오감을 파고들고 삽시간에 온몸에 퍼진다. 피부는 거름망이 없다. 자주 들었던 말들은 피부에 착착 쌓여 화석처럼 굳어지고 여간한 세파에도 쓸려갈 줄 모른다.

달아나세요, ○
미친 듯이 도망가세요

할머니는 앙상한 손, 빗자루나 젖은 행주로 우리를 자주 때렸어요. 귀를 잡아당기고 머리카락을 움켜쥐었죠. 다른 사람들도 툭하면 우리 뺨을 갈기며 발로 걷어차는데, 그 이유를 몰라요. 맞으면 아프니까 울기만 하죠.

아동이야말로 이 지상의 약자들 중에서도 최전선에 배치된 약자 아닌가. 상대방에게 방패도 창도 허락하지 않은 채, 일방적으로 치고 들어오는 거대한 주먹처럼 치졸하고 비겁한 게 있을까. 죽을지도 모른다는 공포를 준다. 공포에 휩싸이면 뇌간에서 즉각적으로 도망가거나 싸우라는 신호를 보낸다.[5] 여러분이라면 이 상황을 어떻게 돌파하겠는가. 싸우겠는가. 도망가겠는가. 김상미 시인은 "제발 당신은 그런 일 당하지 마십시오, 달아나세요, 미친 듯이 도망가세요"[6]라고 애걸복걸했다.

폭력은 한번 시작되면 습관이 되기 쉽다. 부인하고 싶지만 많은 아동 학대의 가해자는 부모다. 아이들에겐 부모의 품이 세상의 전부고 자신을 보호해줄 유일한 피난처다. 최후의 피난처인 부모가 아이를 학대하는 건, 아이를 막다른 골목으로 몰아가는 잔인한 일이다. 그 자체가 공포다.

얼굴이 새빨개지고, 귀가 윙윙거리고, 눈이 따갑고, 무릎이 후들거린다. 이런 다양한 신체 반응은 공포가 몰려온 증거다.[7] 폭력은 공포를 부른다. 도망갈 수 없는 폭력에서 살아남으려면 무슨 짓이든 해야 한다. 급기야 쌍둥이들은 웃을 수도 울 수도 없는, 웃픈 묘책을 짜낸다. 몸을 단련시키기로 한 거다.

우리는 발가벗었어요. 서로의 알몸을 혁대로 갈겼지요. 맞을 적마다 말했어요. "하나도 안 아파. 하나도 안 아파!" 점점 세게, 더 세게 때렸지요. 시간이 지나니까 정말 감각이 없어졌어요. 우리는 이제 울지 않아요.

맞는 고통에서 벗어나려고 고안한 신체 단련 놀이다. 장난인지 자학인지 헷갈리는 쌍둥이의 행동을 보자마자 씁쓸한 웃음이 터졌다. 그러나 이내 기괴스럽고 당혹스러웠다. TV 장면이었다면 어린아이들은 절대로 따라 해서는 안 된다는 경고 문구가 달리지 않았을까. 욕도 계속하다 보면 욕이 지닌 위력이 희석되고 묘한 쾌감을 주나 보다. 이열치열은 보았어도 '이폭치폭'은 낯설다 못해 불편하다. 이렇게 해서라도 신체적 폭력에 무뎌질 수 있다면 좋으련만 폭력에 내성이 쌓이는 경우는 단연코 없다. 폭력은 또 다른 폭력을 부를 뿐이다.

신체 학대도 정서 학대도 몸에 저장된다. 신체 학대도 정서 학대도 무의식에 저장된다. 몸에 흡수된 기억은 자동으로 무의식 저 깊은 곳으로 흘러가기 때문이다. 이렇게 몸과 무의식은 뭉치면서 뇌의 형질을 바꾸기에 이른다. 가뭄에는 촘촘한 나이테를, 홍수에는 넓은 나이테를 남기는 나무처럼 우리의 경험도 뇌의 지형을 바꾼다. 그리하여 어린 시절 학대 경험이 있으면 어른이 되어서도 과도한 스트레스 상태에 머물게 되는 거다.[8] 남들이라면 그냥저냥 넘어가는 조그만 스트레스에도 예민해지고, 스트레스에 한번 노출되면 진정시키기가 여간 힘들지 않다. 스트레스와의 씨름으로 삶이 지치고 곤해진다.

몸이 태어나는 것만으로는
충분하지 않다

○

이폭치폭도 도움이 되지 않으니 쌍둥이는 다른 묘책을 마련하기에 이른다.

엄마는 우리에게 말했어요. "귀여운 내 사랑! 내 행복! 금쪽같은 내 새끼들!" 우리는 이런 말들을 떠올릴 적마다 눈물이 고였어요. "이런 말들을 잊어야 해. 이제 아무도 이런 말을 해주지 않을 뿐더러 그 시절의 추억은 우리가 간직하기에 너무 힘겨워." 그래서 우리는 우리의 정신 훈련을 다른 방법으로 다시 시작했어요. 우리는 우리에게 말했어요. "귀여운 내 사랑! 난 너희를 사랑해. … 난 영원히 너희를 떠나지 않을 거야. … 난 너희만 사랑할 거야. … 영원히. 너희가 내 인생의 전부야." 반복하다 보니 이런 말들도 차츰 그 의미를 잃고 그것들이 가져다주던 고통도 줄어들었어요.

엄마를 떠올리면 목이 메는 게 당연하다. 쌍둥이를 감싸던 사랑의 언어를 어찌 잊겠는가. 직감이 발동한다. 이제 그 시절은 영영 오지 않으리라고, 차라리 엄마와의 행복한 시절에 완전히 무뎌지는 게 낫다고 판단한 거다. 오죽하면 저런 참담한 놀이를 구상하겠는가.

폭력 속에서 학대받고 자란 아동들은 신경 조절 물질인 옥시토신이 많이 부족하다고 한다.[9] 사랑의 물질인 옥시토신은 출산과 양육이라는 부모 노릇을 할 때 저절로 분비된다니, 신이 내린 기적의 선물이라 할 것이다. 따로 훈련받지 않더라도 아이들을 기꺼이 사랑하게 만드는 촉진제니 말이다. 옥시토신 냄새를 많이 맡아야 아이들은 자신이 사랑받고 있음을 느끼고 따뜻한 기분과 안정감을 얻게 된다. 그러니 자녀를 학대하는 부모는 옥시토신 분비가 고장 난 것일지도 모른다.

나무에 햇빛이 필수라면 사람에겐 사랑의 언어가 필수다. 《아시시의 프란체스코》에서 크리스티앙 보뱅이 한 말처럼, 사람은 몸이 태어나는 것만으로 충분하지 않다. 나는 너를 사랑했다, 나는 너를 사랑한다, 나는 너를 사랑하겠다, 이러한 말들이 살아가는 데 가장 절실한 원소다. 모든 생명의 원천이자 삶의 요체는 물질이 아니라 사랑이 담긴 말이다.

문학치유 처방전

: 학대

과거를 바꿀 수는 없습니다. 하지만 과거의 나쁜 영향에서 어느 정도 자유로워질 수는 있습니다. 상황을 바꿀 수 없다면 우리가 겪은 시련의 의미를 찾아야 합니다. 유대인 수용소에서 살아 돌아와 《죽음의 수용소에서》를 쓴 빅터 프랭클은 시련의 의미를 알게 되는 순간 시련이 멈춘다고 했습니다.

과거로 인해 여전히 괴롭다면 그걸 이야기로 써보세요. 그리고, 그러나, 그래서, 한편, 결국, 때문에, 놀랍게도, 더욱, 마땅히, 아주 등의 부사도 적절히 사용해보세요. 이야기 쓰기도 시련 속에 숨겨진 '숨은 의미 찾기'가 아닐까요.

음악가가 생애 첫 무대에 설 때 얼마나 긴장이 될까요. 그 긴장을 '무대 공포'라고 부른다면 더 불안해지겠죠. 반대로 그 긴장을 '흥분'이나 '설렘'이라고 표현하면 떨릴지라도 유쾌하겠죠. 우리가 겪은 시련에도 다른 이름을 붙여주면 어떨까요.

Room 3

꽃보다
아름다운
당신에게

말 한마디는
몇 그램이나 될까

: 말의 힘

어떤 말은 1시간 유효하고, 어떤 말은 5년 유효하고,
또 어떤 말은 평생 유효하다.
말이 지닌 암시와 최면에 걸려들지 않을 사람이 과연 몇이나 될까.
어떤 말은 정말로 사람을 살리기도 하고 죽이기도 한다.

윙윙거리는,
말 한마디

○

"누가 형 칭찬하는 소리를 들으면 하루 종일 우울해요."

안 그래도 팔방미인인 형을 둔 탓에 잔뜩 주눅 들어 있는데 부모님이 어렸을 때부터 귀에 박히도록 하셨던 말이 "형 반만큼만 해라"였단다. 그 말이 평생 덫이 되어 맨날 형 반만큼만 해야 한다는 생각에 잡혀 사는 동생. 이제는 형을 뛰어넘고도 남을 능력이 있음에도 더도 아니고 덜도 아니고 딱 형 반만큼만 맞춰 살고 있다. 코미디가 따로 없다.

조심조심 남몰래 했던 짝사랑이자 첫사랑 선배가 뒤풀이 자리에서 무심코 던진 "너 진짜 웃기게 생겼다"라는 농담 한마디가 불행하게도 평생 동반자가 될 수도 있다. 공기 중에 퍼지는데 2초도 걸리지 않은 이 한마디 말이 평생 연애의 걸림돌이 될줄이야. 그 뒤로부턴 누군가에게 마음이 끌리기라도 할라치면거울 앞에부터 선다. 그러곤 얼마나 웃기게 생겼는지 눈을 부라리고 찾아낸다. 세상에서 자신이 제일 웃기게 생겼다고 확답할때까지 거울을 붙들고 놓질 않는다. 눈은 찢어졌지, 콧구멍은위로 들렸지, 볼엔 검은 깨가 잔뜩 묻었지, 이마는 짱구지, 뒤통수는 납작하지. 이리하여 포기한 연애만 스무 번이 넘는다.

또 다른 경우다. 자신에 대해 부모님이 몰래 주고받던 "쟤는산에 가 혼자 살아야 할 것 같아"라는 말 한마디를 들어버리고말았다. 듣지 않았으면 좋았으련만 엿들은 게 화근이 된 것일까. 여럿이 함께 지내는 건 못내 불편하고 성가시다. 어느 모임에서고 늘 도망치고 싶은 심정이다. 다 때려치우고 산으로 들어가고 싶은 게 한두 번이 아니다. 다섯 살 무렵에 들었던 "쟤는산에 가 혼자 살아야 될 것 같아. 저렇게 예민하니 원"이라는 말한마디. 그때 자신을 예민한 사람이라고, 쾅쾅 못 박았을 가능성이 크다.

그런가 하면 나라면 그런 상황에서 버럭 화낼 일도 소가 닭

보듯 넘어가는 친구가 있었다. 웬만한 일에 감정의 동요가 없는 그 친구와 하루는 점심을 먹으러 가는 길이었다. 내게 공모전 신청서 접수 마감일을 묻는 거다. 별생각 없이 "이젠 늦지 않았을까"라고 대꾸했더랬다. 그런데 이 말이 채 끝나지도 않았는데 친구가 내게 벼락을 치는 게 아닌가. 친구는 얼굴이 붉어져서는 언성을 높이며 내게 실망했다고 하더니 점심도 내팽개치고 자리를 떠버렸다. 그 일로 일주일이나 그 친구랑 머쓱하게 지냈던 기억이 생생하다.

나중에 안 사실이다. "이젠 너무 늦었어"는 친구의 엄마가 입에 붙이고 산 말이었단다. 엄마가 내뱉는 이 말이 너무 싫었단다. 인생의 파탄을 알리는 신호 같았단다. 그 말을 할 때 짙게 깔리는 절망과 한탄의 음색이 너무 싫었고 그 말이 늘 자신을 무기력하게 몰아갔다고 한다. 그래서 그 말만 들으면 유독 예민해진다고 했다. 누군가에게는 아무렇지도 않은 말이 또 다른 누군가에게는 이처럼 끔찍한 바이러스가 되기도 한다. 누구에게나 해방되고 싶은 말이 한두 개쯤 있지 않을까.[1]

"어디 가서 내 아들이라고 하지 마라."

"좀 빠릿빠릿해봐라."

"너도 이제 다 컸다."

"그것도 몰라."

"여자가 말이야."

"엄살 부리지 마."

"혼자서 좀 해봐."

어디서든 그런 소리만 들리면 갑자기 얼어붙거나, 움츠러들거나, 화가 치밀어 오르거나, 눈물이 터지거나, 힘이 쭉 빠지는 말들이 있다. 사람들이 무심하게 내뱉었을 뿐인데 유독 내게만 날 선 비수가 되는 말, 거대한 해일이 되어 나를 삼켜버리는 말이 있다.

아무리 좋은 말이라도 누가 그 말을 받아먹느냐에 따라 약이 되기도 독이 되기도 한다. "무슨 일 있니"라는 선생님이 건네는 진심을 감사가 아니라 '뭘 또 알아내려고 저러나'라는 감시로 받아들이진 않았는지. '내가 무슨 일이 있으면 좋겠나 보네'라고 비아냥거리진 않았는지. 누군가 위로하고 격려하려고 내민 말을 팽개칠 때는 분명 그 말에 얽힌 아픈 상처의 역사가 있을지 모른다.

최면을 일으키는
말 한마디

진짜 그렇다. 말 한마디가 천 냥 빚이 아니라 목숨을 쥐락펴락한다.

등산화 끈을 조여 맸다.

나는 식탁 앞에 앉아 자정이 되기를 기다렸다.

한밤중이 되어도 순찰대는 오지 않았다.

거의 참을 수 없는 지경이 되었을 때 그들은 왔다.

나는 외투를 재빨리 몸에 꿰었다.

어머니가 울었다.

바로 거기, 가스계량기가 있는 나무 복도에서 할머니가

말했다.

"너는 돌아올 거야."

그 말을 작정하고 마음에 새긴 것은 아니었다.

나는 그 말을 대수롭지 않게 수용소로 가져갔다.

그 말이 나와 동행하리라는 것을 몰랐다.

그러나 그런 말은 자생력이 있다.

그 말은 내 안에서 내가 가져간 책 모두를 합친 것보다

더 큰 힘을 발휘했다.

돌아왔으므로 나는 말할 수 있다.

어떤 말은 사람을 살리기도 한다.

– 헤르타 뮐러, 《숨그네》 중에서[2]

얼마나 다행인가. 할머니의 말 한마디가 '레오'를 살렸으니 말이다. 《숨그네》의 주인공 레오는 수용소로 떠나면서 할머니에게 마지막으로 "너는 돌아올 거야"라는 말을 들었다. 그때는 정작 그 말을 귀담아듣지 않았다. 대수롭지 않게 여겼다. 한데 그 말 한마디가 그와 5년을 동행하게 될 줄이야. 열일곱 살에 수용소에 들어가 스물두 살에 살아 돌아올 때까지 레오에게 그 말은 언약의 '말씀'이 되었다. 너는 돌아올 거라는 말 한마디가 그가 가져간 책 모두를 합친 것보다 더 큰 힘을 발휘했다니. 말 한마디로 그는 인내의 세례를 받은 것이다.

할머니의 말 한마디는 수용소에서 그의 주린 배를 어루만졌고, 절망에서 일으켜 세웠고, 외로움을 감쌌으리라. 그 말이 그

를 울음의 소용돌이에 휩쓸리지 않게 했고, 괴물이 되지 않게 했다. 마침내 그를 가족의 품으로 무사히 데려다주었다.

초기 최면술 연구자인 아베 파리아Abbé Faria는 말 한마디의 힘에 매료되어 이후 심리학에 이변을 일으킨다. 그는 10대에 포르투갈에서 사제 훈련을 받고 있었다. 준비도 되지 않았는데 여왕 앞에서 설교해야 하는 당황스러운 상황이 벌어졌다. 훈련생 신분인 데다가 어린 나이이니 얼마나 손에 땀을 쥐었을까. 긴장한 나머지 부들부들 떨고 있는 아들을 보다 못한 아버지가 나서 그에게 말했다. "저들은 지푸라기에 불과해. 그러니 다 베어버려라." 기적같이 이 말이 효험을 일으킨다. 아버지의 이 말 한마디에 두려움이 사라지고 파리아는 언제 그랬냐는 듯 아주 유창하게 설교를 마친다. 말이 지닌 위력을 몸소 체험한 파리아는 그 사건 이후에 본격적으로 최면을 연구했다. 그리고 최면 현상은 암시의 힘이라고 결론을 내렸다.[3]

파리아는 겨우 1시간 동안 최면에 걸렸지만 레오는 5년간 "너는 돌아올 거야"라는 말에 최면이 걸렸다. 어떤 말은 1시간 유효하고, 어떤 말은 5년 유효하고, 또 어떤 말은 평생 유효하다. 말이 지닌 암시와 최면에 걸려들지 않을 사람이 과연 몇이나 될까. 어떤 말은 정말로 사람을 살리기도 하고 죽이기도 한다.

배트맨처럼
등장하는 말

  삶도 하나의 밭이 아닌가. 독초 같은 말들이 무성하면 할수록 삶은 엉망이 된다. 그러니 독이 되는 말들은 가려서 얼른 뽑아 버려야 한다. 그래야 삶에 약이 되는 말, 삶을 살리는 말이 제대로 숨 쉴 수 있지 않겠는가. 하루에도 얼마나 많은 말이 우리를 향해 쏟아지는지 모른다. 잡초 같은 말들 속에서 약초 같은 말을 가려들을 줄 알아야 한다. 다행히 약초 같은 말은 우리 가슴을 쿵쿵 울린다.

그래도 가슴속에 남은

당신의 말 한마디

하루 종일 울다가

무릎걸음으로 걸어간

절벽 끝으로

당신은 하얗게 웃고

— 곽재구, 〈들국화〉 중에서 [4]

삶의 벼랑 끝까지 밀려난 적이 있으리라. 탈진되어 걸어갈 힘마저 잃어본 적이 있으리라. 세상이 전부 나를 버린 것처럼 느껴지고 모든 희망이 파산당했을 때, 그때 누군가가 던진 짧은 말 한마디는 배트맨이 된다. 추락하려는 아찔한 순간에 배트맨처럼 등장해 당신 삶을 붙잡아주는 말 한마디가 있다. 들국화가 절대 추락하지 않고 절벽 끝에 끝까지 매달릴 수 있는 건, 누군가 남긴 그 말 한마디의 힘 때문이다. 비록 벼랑 끝이지만 다시한번 삶을 꽃피워보려고 마음을 먹게 하는 그 말 한마디.

사실 따지고 보면, '당신'이 남긴 한마디는 그리 대단하거나 근사한 말이 아닌 경우가 더 많다. "너니까", "믿는다", "못해도 돼", "그래그래", "괜찮아", "너라면 충분해"… 이렇게 소박한 말이었으리라. 친구 아버지가 돌아가셔서 장례식장을 갔는데 그렇게 많은 친구들이 애써 위로해도 친구는 꿈쩍도 하지 않더란다. 그러더니 얼마 전 아버지를 잃은 다른 친구가 오자마자 던진 말 한마디에 둘이 부둥켜안고 울음바다가 되었다고 한다. "그마음 알아"라는 별것도 아닌 짧은 말 한마디에 참았던 울음이 터졌던 거다.

가만히 가슴 깊이 새겨진 말들을 꺼내 보면 별말 아닐 때가 더 많다. 심지어 어떤 친구는 고등학교 때 선생님이 "너 무슨 일

있니?"라고 한 말이 그리 강렬했단다. 안 그래도 세상에 홀로 버려진 외로운 섬이 되어 *끙끙* 앓고 있었는데, 선생님이 그렇게 물어주시니 정말 뭉클하더란다. 말의 힘은 그럴듯한 수사법과 거리가 멀다. 말의 힘은 진짜일 때, 진심 어릴 때 효험을 발휘한다.

> 내가 겪었던 일들과 그 결과들을 분석해보았다. 그리고 깨달았다. 단 한마디의 말이 순식간에 우리를 끔찍한 심연으로 떨어뜨릴 수도, 혹은 도저히 닿을 법하지 않던 정상으로 올려놓을 수도 있다는 것을.
>
> ─ 체 게바라, 《체 게바라 평전》에 실린 그의 일기 중에서[5]

그렇게 강단 있었던 체 게바라도 단 한마디 말에 천국과 지옥을 오고간 적이 많았나 보다. 말 한마디가 혁명가도 거인도 용사도 무너뜨릴 수 있다니 놀랍지 않은가. 삶의 벼랑 끝에 선다면 어떤 말 한마디를 붙들겠는가. 지금 이 순간 어떤 말 한마디와 동행하고 있는가. 내게 물어봐야 한다. 나를 향해 별처럼 쏟아지는 수많은 말 중에서 삶의 길잡이가 되어줄 북극성을 정하는 건 전적으로 나의 몫이다.

문학치유 처방전
:말의 힘

◀ 내 삶을 좀먹었던 정체가 과거에 누가 했던 말 한마디가 아니었는지 점검해보는 일이 필요합니다. 하지만 그 말에 집을 짓고 살아서는 안 됩니다. 미운 정도 정이랍니다. 쉽진 않겠지만 독초 같은 말 한마디와 이제 그만 이별을 고하세요. 가족이나 지인들 앞에서 그 말과의 이별식을 거행하면 더 좋습니다. 그리고 내가 정말 듣고 싶은 말 한마디와 재혼하세요.

◀ 내 삶을 다시 일으켜 세울 말 한마디가 몸에 밸 때까지, 당신의 멘토나 믿음이 가는 친구에게 부탁해보세요. 예를 들면, "넌 소중한 사람이야", "너는 결국 잘될 거야", "그렇게 살아가는 네가 자랑스러워", "네가 곁에 있어서 너무 고마워", "네가 있어서 행복해" 등등. 이런 말을 최소 1년 동안 뇌에 새기고 가슴에 새겨보세요.

자신에게도
자비를 베푸세요

: 자존감

에픽테토스에게 귀를 기울여보자.
너를 모욕하는 것은
너에게 모욕을 퍼붓는 사람이나 너를 때리는 사람이 아니라
모욕하고 있다고 하는, 이 사람들에 관한
너의 믿음이라는 것을 기억하라.

명품보다
자존감

○

"명품을 걸쳐야 사람들이 날 무시하지 않아요."

'명품' 님[1]이 친구들을 만나고 돌아온 저녁이면 남편은 죄인이 되어 숨을 죽여야 했다. 서연이는 무슨 가방을 들었네, 지영이는 무슨 옷을 입었네, 현정이는 어디로 여행을 다녀왔네, 투정을 늘어놓았다. 마지못한 남편이 지갑을 연다. 아내는 해가 뜨기만 기다렸다가 쪼르르 쇼핑몰로 달려간다. 남편 가랑이가 찢어진 지 오래다.

중학교 때부터라고 했다. 자기보다 공부도 못 하고 생긴 것도 별로인 짝꿍이 부잣집 딸이었던 거다. 짝꿍이 걸친 유행하는 옷이나 희귀한 가방, 비싼 구두 앞에 서면 자신의 빼어난 미모는 앙꼬 없는 찐빵 신세가 되었단다. 그 열등감을 만회하느라 공부보다 아르바이트가 먼저였고 굶는 한이 있어도 명품 구입이 우선이었다. 그때부터 부유한 친구들 앞에서 기죽지 않으려고 명품이라는 거대한 성벽을 쌓아 올리느라 젖 먹던 힘까지 다 쏟았다.

'명품' 님은 남편이 사법 고시에 당당히 통과해 가난한 집 딸로 태어나 겪었던 그간의 수모를 확실하게 보상해줄 거라 믿고 결혼했지만, 그마저도 물 건너간 지 오래다. 타고난 사교성에 빼어난 미모까지 겸비했건만 재력이 따라주지 않는 현실이 증오스럽단다.

싸구려 가구나 좁아터진 집은 그나마 참을 만하다고 한다. 집에 친구들만 데려오지 않으면 되었으니. 문제는 친구들을 만날라치면 일주일 전부터 심장이 쪼그라드는 느낌이 든다는 것이다. 지인들이 소곤거리기라도 하면 유행이 훌쩍 지난 내 옷 때문일 거야, 이 가방이 짝퉁인지 알아보고 비웃는 걸 거야 생각하며 주눅이 든단다. 친구들이 자신을 업신여기거나 무시하지 않을까에 온 신경이 곤두선단다.

늘그막에 겨우 고시에 통과하긴 했어도 물려받은 유산이 없는 남편은 '명품' 님 앞에 서면 작아진다. 아내가 억지투정을 부려도 눈만 멀뚱멀뚱할 뿐이다. 눈물로 뒤범벅이 된 아내가 원망의 눈초리로 '도대체 뭘 입고 모임에 가란 말이야'라는 듯 쏘아붙이기라도 할 때면 남편은 갚을 능력도 없는 카드를 일단 쥐어주기 바쁘단다.

결혼하고 20년째 이러고 산다. 아직도 월세 집을 전전하며 집한 칸을 마련하지 못했다. '명품' 님이 산 명품 가방과 옷만도 집한 채 값은 족히 넘는다. 아내의 명품 타령에 맞춰 카드 결제로장단을 맞추느라 남편은 폭삭 늙어버렸다. 후줄근한 차림새의남편을 배경으로 '명품' 님의 미모는 갈수록 독야청청하다.

'명품을 걸치면 사람들이 나를 존중할 거야. 명품을 걸쳐야행복해져.' 그녀에게 명품이란 가난한 집 딸로 태어난 열등감을가려줄 속 빈 강정이었다. 열등감이 많고 자존감이 낮을수록 명품이나 학벌, 인기나 재산에 끝없이 매달리게 된다. 마치 그것들이 구원자가 되어주리라 맹신하면서. '내가 공부를 잘해야 부모님이 나를 사랑할 거야', '선생님께 칭찬받아야 가치 있는 사람이야', '남보다 더 많이 벌어야 행복할 거야', '완벽해야만 사람들이 나를 좋아할 거야'…. 명품이나 명예나 성공은 밑 빠진

독에 물 붓기다. 허한 속이 아주 잠깐 달래지기는 한다. 하지만 얼마지 않아 다시 갈증이 밀려오고 허기를 느끼고 만다.

오페라 가수 마리아 칼라스의 1달러가 그랬다. 그녀는 유명한 오페라 극장의 제안을 받자 딱 한 가지 조건만 제시했다. 그 극장에서 최고의 보수를 받는 가수보다 더도 말고 덜도 말고 딱 '1달러'만 더 달라고 요구한 거였다. 최고의 보수를 받아야 가치 있는 사람이라 믿었던 거다. 마리아 칼라스는 어린 시절 태생이 예쁘고 날씬한 언니와는 달리 덩치도 크고 시력도 엄청나게 나빴다고 한다. 세계적 유명세도 어린 시절에 싹튼 열등감을 꺾기에는 역부족이었나 보다.

자존감이 낮으면 마음이 늘 허기져 지낸다. 남들이 부러워하는 걸 다 이루어도 배부르지가 않다. 적당한 성공만으로는 부족하다. 최고가 되어야만 행복할 수 있다. 곱사등이가 다른 사람의 등에서 더 큰 혹을 보아야 행복해지듯이.[2] 열등감은 행복을 좀먹는 교활한 악마를 닮았다. 불경기에 월급이 5퍼센트나 인상되면 당연히 기뻐한다. 한데 그것도 잠시 뿐이다. 다른 동료의 월급이 7퍼센트 인상된 걸 아는 순간 비참의 나락으로 떨어지고 마니까.

나를 신뢰하느냐, 신용하느냐

사람이라면 누구에게나 하나쯤 열등한 구석이 있는 법이다. 하지만 열등한 구석이 있는 모든 사람이 열등감에 빠져 살지는 않는다. 열등함이 오히려 긍정적인 삶의 촉진제가 될 수 있다고 알프레드 아들러Alfred Adler가 강조했다. 열등함과 열등감은 절대 다르다고.

열등함과 달리 '열등감'은 낮은 자존감의 문턱과 친한 불청객이다. 시험 한 번 망쳤다고 그것밖에 안 되냐고 자신을 타박한다. 사소한 지적이라도 받는 날이면 하루 종일 우울하다. 입시 실패로 그 후유증이 징하게도 길게 간다. 외부의 자극에 따라 일희일비하면서 자기 가치를 들었다 놨다 한다. 자신에 대한 믿음인 자존감이 낮아서 그런다. 자존감이 높으면 어떤 상황에서도 쉬 좌절하지 않으며 좌절했더라도 어떻게든 털고 일어설 수 있다.

코헛에 따르면 아기는 양육자에게 "너는 완벽하다"라는 감탄을 들으면서, 양육자를 향해서는 "당신은 완벽하다"라고 감탄하면서 자라야 자신을 사랑할 수 있다고 한다.[3] "너는 아름다워", "너는 괜찮은 사람이야", "너는 뭘 해도 멋있어", "당신이 있어서 좋아요", "당신은 괜찮은 사람이에요" 이런 푸짐한 환대를 주고받으며 자라야 자신에 대한 믿음이 생긴다는 거다.

조지 버나드 쇼George Bernard Shaw에 따르면 귀족과 하녀의 차이는 옷차림이나 말투가 결정하는 게 아니란다. 하녀라도 귀족으로 대접받으면 귀족이 되는 거고, 귀족이라도 하녀로 대접받으면 하녀가 되는 거다.

환대받고 존중받고 자라면 피그말리온 효과pygmalion effect가 일어나 자신감이 붙으니 마음이 늘 긍정적인 방향으로 움직인다. 이와 달리 푸대접받고 무시당하고 자라면 스티그마 효과stigma effect가 일어나 자신감이 떨어지니 부정적인 방향으로 마음이 앞서간다.

예전에 중학생 조카가 쓴 "누구나 시작은 아름답다 / 갓 피어난, 목련처럼"이라는 시구절처럼 누구나 시작은 아름다웠으나, 푸대접받고 자라게 되면 검게 그을릴 수밖에 없다.

'명품' 님을 실족시키는 열등감도 그랬다. 엄마가 그녀를 낳자마자 급성간염에다 산후우울증까지 앓게 되었다고 했다. 그녀가 처음 만난 세상은 허허벌판이었다. 태어나 엄마 품에서 한 달을 못 채우고 할머니네로 고모네로 떠돌며 젖동냥 신세를 져야 했다니 말이다. 세 살이 될 때까지 사촌들에 섞여 눈칫밥에 외톨이로 자란 탓에 어디 가서나 눈치 살피기 바빴던 거다.

명품보다 자존감을 먼저 구매하러 다녔어야 옳았다. 자존감이 높으면 어떤 상황에서도 자신을 신뢰할 수 있기 때문이다. 하지만 자존감이 낮으면 과시할 뭔가가 있을 때만 자신을 믿는다.[4] 이 차이를 누군가 신뢰와 신용에 빗대어 설명했을 때 그 순간 유레카를 외칠 뻔했다.

이보다 더 정확한 설명이 있을까. 자신의 존재만으로는 괜찮은 사람이라 믿어지지 않으니까 은행 거래하듯 성공, 명품, 돈, 명예, 인기, 학벌, 우등생이라는 담보를 요구하는 거다. 갈증 나는데 소금물 들이켜는 격이다.

그러다 신용이 바닥나면 인지왜곡이라는 구멍에 빠지게 된다. 지하철이 고장 난 것도, 여행 간 곳에 비가 내리는 것도 온통 자신이 재수 없는 사람이어서 그런다는 거다. 거래할 담보가 바닥이 나면 누가 뭐라 하지 않음에도 스스로 멸시하며 고개를 숙이고 다닌다.

너를 모욕하는 건, 너의 믿음임을 기억하라

하녀로 대접받고 자라 스티그마 효과에 걸려서 그런 것이니 자신은 피해자이며, 그러니 이렇게 사는 책임은 내게 없다고, 그냥 이렇게 쭉 살 수밖에 없다고 오판하면 곤란하다. 오래전에 누군가 자신을 푸대접했다 하더라도 지금 당신을 푸대접하고 있는 당사자는 바로 당신일 수 있으므로. 에픽테토스에게 귀를 기울여보자.

> 너를 모욕하는 것은 너에게 모욕을 퍼붓는 사람이나 너를 때리는 사람이 아니라 모욕하고 있다고 하는, 이 사람들에 관한 너의 믿음이라는 것을 기억하라. 그러므로 누군가가 너를 화나게 할 때 너의 머릿속의 생각이 너를 화나게 하는 것임을 알라. 그래서 먼저 외적 인상에 사로잡히지 않도록 노력하라.
>
> ―에픽테토스, 《엥케이리디온》 20장[5]

자기 존중, 자기 가치, 자기 존경의 개념을 포함하지 않고 자신이 어떤 사람이라고 말하기는 어렵다. '나는 내 자신이 싫다'거나 '사람들이 나를 조롱한다'고 할 때, 타인을 탓하기에 앞서 자신의 내면에 자신을 경멸하는 사람이 있는지 먼저 물어보아야 한다.[6]

왜 자비라는 카드는 타인에게만 사용하려 드는가. 자신에게 먼저 자비를 베풀어야 하리라. 어쩌면 세상에서 가장 불쌍한 이웃은 바로 자신일지도 모른다. 《폭풍의 언덕》의 린튼을 보라. 다른 사람들이 단지 기분이 좋아 웃고 떠든 것을 자신에 대한 모욕으로 받아들인다. 이게 자신을 비난하고 모욕하도록 앞장서서 타인을 선동하는 게 아니고 무엇이겠는가. 자존감이 낮을수록 역기능적 사고, 비합리적 신념과 친하게 지내는 법이다.

누구에게나 개인의 성장신화가 있다. 혹시 자신을 주눅 들게 하는 성장신화가 있다면 과감히 버려라. 환대받고 싶다면 당신에 대한 당신의 시선을 먼저 바꾸라. 당신이 당신을 먼저 환대하라. 남에게 대접받고 싶은 대로 자신을 먼저 대접하라. 자신이 자신을 진심으로 사랑하고 환대하면, 타인이 이러한들 어떠하며 저러한들 어떠하냐며 살아갈 수 있으므로.

자신이 누구인가에 대한 새로운 믿음을 갖게 되면 그에 걸맞게 우리의 행동도 바뀌게 된다.[7] 철학자 드니 디드로Denis

Diderot가 좋은 예가 아닐까. 어느 날 친구로부터 서재에서 입는 붉은 비단옷을 선물로 받았다. 그 비단옷을 입고 앉았는데 책상 색깔이 영 어울리지 않아 고민하다 비단옷에 맞춰 책상을 바꾸어버렸단다. 그다음에는 벽걸이, 그리고 액자, 그러다가 서재에 있는 가구와 인테리어가 그 붉은 비단옷에 어울리게끔 몽땅 바뀌게 되었다는 거다. 겉옷 하나로 그가 사는 세상을 완전히 다른 세상으로 바꾼 것이다.

우리도 '자존감'이라는 비단옷을 걸치면 좋겠다. 자존감이 생기면 옷이 화사하게 바뀌고, 표정이 밝아지고, 이야깃거리가 바뀌고, 감정에 매몰되지 않으며, 타인과 세상에 대해 호감이 생기고, 편안해지며, 당당해지므로.

"기죽지 말고 살아봐 / 꽃피워봐 / 참 좋아"[8]

문학치유 처방전

:자존감

❙ 인지정서행동치료(REBT)를 창안한 앨버트 엘리스는 논리 속 오류를 찾아 합리적으로만 사고해도 불행감을 줄일 수 있다고 했습니다. 비합리적 신념에는 세 가지 공식이 있습니다.

- 나는 반드시 ○○○을 해야 한다.
- 당신은 반드시 ○○○을 해야 한다.
- 세상은 반드시 ○○○을 해야 한다.

이 공식은 어김없이 "그것은 끔찍하다", "그것을 참을 수가 없다", "나는 한심하다"라는 결론을 도출한다고 합니다.

❙ 포르샤 넬슨의 시 〈다섯 개 짧은 장으로 된 자서전〉을 읽고, '구멍'에 빠지게 하는 역기능 사고, 비합리적 신념, 인지왜곡이 있는지 점검해봅시다.

당장 교정해야 할 자신의 말이나 사고가 무엇인지 우선순위를 정하고, 새로운 말을 읊조리고 뇌에 쐐기를 박는 연습을 하세요. 뇌 과학에 따르면 생각(대뇌피질에서 관장)이 우리 감정을 지배하며, 행복감과 불행감을 좌지우지한다고 합니다.

나는 고운
꽃입니다

: 거울자기대상

신데렐라는 허드렛일만 해서 재를 뒤집어썼다는 뜻으로 붙여진 이름이다.
그런 신데렐라를 도왔던 요술쟁이 할머니가
신데렐라에게 걸었던 가장 빛나는 마법이 하나 있다.
거울자기대상을 이용한 변신술이었다.

소리 없는
아우성

o

"저는 못생긴 데다 형편없는 인간이에요."

듬직하고 멋지게 생긴 '몰요'[1]가 자기 집에 불을 지르고 말았
다. 툭하면 싸우고 반항하는 '몰요'는 이제 스무 살이 되었다. '몰
요' 때문에 미쳐버리겠다고, 몰요 엄마가 상담을 의뢰했다. 이혼
후 혼자 아들 둘을 키우면서 사는 자체도 버거운데, 이번엔 큰아
들 '몰요'의 방화로 주거지마저 잃었으니 기가 찰 노릇이다.

어쩌다 불을 지르는 지경에까지 이른 걸까. 상담실에 들어서
면서부터 '몰요'와 엄마가 서로 비난하느라 소란스럽다. 그 바

람에 상담사는 잠시 투명 인간이 되어야 했다. 겨우 흥분을 진정시키고 한 사람씩 말하기로 했다. 엄마는 자신의 남자 친구가 집에 놀러만 오면 아들 '몰요'가 딴지를 걸지 않나 비웃질 않나, 자신을 괴롭히려고 일부러 저러는 거라고 했다. 매번 빈정 상하게 하는데 어느 남자 친구가 남아나겠냐고 속이 부글부글 끓는단다. 아들 '몰요'도 이에 질세라 씩씩거린다. 자신과 눈만 마주치면 눈총을 쏘아대는 엄마가 진절머리가 난단다. 가령, 내 나이가 몇인데 과자 봉지에 손이 가기가 무섭게 왜 허락도 없이 먹느냐, 흘리지 마라, 많이 먹지 마라, 쉴 새 없이 지. 적. 질을 한단다. 숨 막혀 죽을 지경이란다.

사연을 들어보니 '몰요'는 부모에게 받은 상처가 많았다. '몰요' 아빠는 부부싸움만 하면 서너 살밖에 되지 않은 '몰요'를 화풀이 대상으로 삼았다. 영문도 모른 채 '몰요'는 폭력에 시달려야 했고 소리 없는 아우성을 쳤다. 하지만 그 신음이 엄마에게까지 들렸을 리 없다. 엄마는 엄마대로 결혼 생활이 버거웠고 불행해서 죽을 지경이었다. '몰요'는 자신을 때리는 아빠와 자신을 구해주지 않는 엄마에 대한 분노를 단단히 쌓아왔던 거다.

사춘기만 기다렸다는 듯이 '몰요'는 열세 살 문턱에 들어서자마자 괴물이 되었다. 엄마에게 개똥처럼 취급당하지 않고 꽃으로 대접받았더라면, '몰요'가 적대적 반항장애라든가 품행장애라는 꼬리표를 달기나 했을까.[2] 청소년들은 어느 날 갑자기 괴물이 되지 않는다.

부모의 이혼이 자식에게 얼마나 쓰리고 아린지를 느끼고 싶다면, 얇은 종이가 앞면과 뒷면으로 갈라 뜯어지는 고통을 상상해보라고 한다. 시간이 걸려서 그렇지 어떤 가족은 그 쓰라린 아픔을 서로 다독이며 어찌어찌 넘어선다. 부모가 아이들을 다스릴 내적 힘이 있는 경우엔 그렇다는 말이다. 하지만 어떤 가족은 그렇지 못하다. '몰요'네처럼 자신의 문제만으로도 갈팡질팡하는 엄마가 어떻게 자식들을 다스릴 수 있겠는가. 그러니 아이들의 고통은 아물 새도 없이 있던 상처에 없던 상처까지 보태지면서 덧나기만 할 뿐이다.

그럼 그렇지, '몰요' 엄마도 아버지로부터 푸대접받고 비난만 받고 자랐다고 했다. 그런 아버지가 증오스러운 나머지 가족과 연락을 끊은 지 벌써 20년이 다 되어간단다. 자신이 아버지에게 푸대접받으며 자랐으니 그 고충을 누구보다 잘 알 테다. 그러면 자기 자식한테만큼은 안 그럴 법도 한데, 오히려 정반대의 경우가 더 많다. 많은 부모가 자신의 부모에게 대접받은 방식을 자식에게 대물림하기 때문이다. '몰요' 엄마가 딱 그랬다. 자신의 아버지가 그랬던 것과 똑같이 아이들을 비난하거나 처벌하고 이랬다저랬다 변덕을 부리거나, 심지어 방임하기까지 한다. '몰요'는 잘못된 양육 방식의 희생양이 된 거였다.

그리하여 일그러진 채로 살아가는 10대의 '몰요'들이 참으로 많다. 아이들을 대하는 양육자의 눈빛, 낯빛은 아이들을 비추는 거울이다. 상대방의 눈빛과 낯빛에 비쳐진 자신의 모습을 거울자기라 한다.[3] '몰요'도 일그러진 거울자기에 갇혀 살았던 거다. 자신이 형편없고 문제만 일으키는 사람이라고 믿으며 아까운 삶을 좀먹힌 거다. 처음에 아름다웠어도 좀먹히다 보면 점점 못생겨지게 되는 법이다. 사랑해주는 사람을 만나게 된 나는 여전히 아름답다. 하지만 나를 사랑해주지 않은 사람을 만나게 된 나는 추해진다.

나도 안다. 행복한 자만이
사랑받고 있음을. 그런 사람의 음성은
듣기 좋고, 그의 얼굴은 잘생겼다.

마당에 구부러진 나무가
토질 나쁜 땅을 가리키고 있다. 그러나

지나가는 사람들은 으레 나무를

못생겼다 욕한다.

– 베르톨트 브레히트, 〈서정시를 쓰기 힘든 시대〉 중에서⁴

상대방이 나에게 보낸 눈빛, 낯빛, 몸짓이 자아상에 결정적 토양이 된다. 자신이 먹고 자란 토양과 공기를 어찌 숨기겠는가. 토양이 빈약하고 공기가 나쁘니 나무가 비틀릴 수밖에. 스스로 비틀린 나무는 없다. 누가 강박증, 불안증, 섭식장애, 경계선, 자기애, 신경증이라는 이름표를 달고 싶겠는가. 인간이라면 본능적으로 인정과 지지를 갈망하기 마련이다. 그러므로 양육자는 아이의 삶밭에 감탄과 칭찬이라는 거름을 듬뿍듬뿍 뿌려줘야 한다. 그런고로 자신이 못생겼고, 아름답지 못하고, 못났다고 생각되는 건 나쁜 거울에 비친 착시의 결과다.

나를 꽃 보듯 바라봐주세요

상담한 지 4개월쯤 접어들었을까. 갑작스레 '몰요'네 가족이

먼 길을 떠나게 되었다. '몰요'의 생애 첫 외갓집 방문이었다. 그들에겐 특별하고 반가운 일이 아닐 수 없었다. 하지만 이제 막 어렵게 '몰요'와 속말을 트기 시작한 상담자로서는 내심 마뜩잖았다. 한 번 상담을 쉬면 열에 아홉은 다시 올 확률이 낮아서다. 게다가 한두 주도 아니고 한 달이나 말이다. 걱정은 맞아떨어졌다. 그렇게 떠나가고선 6개월이 흘렀다.

한데 그 6개월이 희망의 뭉게구름을 몰고 올 줄은 꿈에도 몰랐다. 6개월 만에 다시 찾아온 '몰요'에게 묘한 기운이 맴돌았다. '몰요'는 앉자마자 이모 이야기를 쏟아냈다. 이야기인즉슨 이랬다. 이모 집에 도착하자마자 촌구석에 머물 생각에 짜증이 확 올라왔단다. 미친 듯이 자동차 경적을 울려댔단다. 동네가 떠나가라고 음악 소리를 키웠단다. 이렇게 소란을 피워야 이 촌구석을 벗어날 것 같아서 말이다.

그러고 있는데 이모가 다가와 문을 두드렸단다. 귀찮게 하지 말라, 건드리지 말라는 말투로 건성건성 인사를 했는데, 처음 만난 조카가 불량스럽게 구는 와중에도 이모는 그저 해맑게 웃고 있더란다. "네가 내 조카 '몰요'구나"라며 정말 신기하고 반갑다는 표정을 짓더란다. 주변 사람들이 보내는 따가운 눈총에 익숙했던 '몰요'에게 이모가 보내는 따뜻한 눈길은 얼마나 낯설고 어색했을까.

그러니 이모에게 단박에 마음이 열릴 리 만무하다. 심지어 '몰요'에게 타인의 친절은 경계하라는 경고등이었다. 엄마가 귀가 닳도록 말했다. 사람들은 자기에게 이득이 되지 않으면 남에게 절대 잘해주지 않는다고, 그러니 누가 잘해줄 때 그 속셈에 속아 넘어가지 않도록 주의하라고. 그래서였다. '몰요'는 진심 어린 이모에게 사사건건 시비를 걸려고만 한다. 대놓고 빈정거리고 비꼬고 시건방지게 군다. 그런데 신기한 건 그럼에도 이모가 아랑곳하지 않는다는 거였다. 이해관계를 따지기는커녕 자신을 있는 그대로 인정해주고, 전적으로 믿어주며, 기다려주는 이모. 자신이 하는 이야기가 온통 거짓말임을 알면서도 끝까지 들어주는 이모. 거짓말하는 저의에 관심을 기울이는 이모. 엄마와 달라도 너무 달랐다.

끄떡 않던 '몰요'의 꽁꽁 얼었던 마음이 슬슬 녹아내리기 시작한다. 사랑 앞에선 누구나 마음을 무장해제한다. 존중받으면 마음이 말랑말랑해진다. 마음에 새순이 돋고 기적같이 꽃이 된다. "내 안에 이렇게 눈이 부시게 고운 꽃이 있었다는 것을 나도 몰랐습니다. (…) 당신에게 나는 이 세상 처음으로 한 송이 꽃입니다."[5]

이모와 단둘이 외출하게 된 어느 날이었다. 이모를 태우고 바닷가를 시원하게 내달릴 때 그간 숨 막혔던 마음이 뻥 뚫렸다고 했다. 자신이 운전만 했다 하면 시한폭탄 취급하는 엄마와 달리, 자신을 믿어주며 거친 운전을 천진난만하게 즐기는 이모의 눈빛과 낯빛이 그렇게 고마울 수가 없었단다. 눈빛과 낯빛에 그 사람의 감정이 고스란히 담겨 있는 거다.[6] 부모님이나 양육자 그리고 형제자매와 친구들이 눈빛과 낯빛으로 내게 발산한 감정은 온몸에 문신처럼 새겨진다. 내 삶에 꽃을 새길 수도 있고, 개똥을 새길 수도 있다. 그들이 나를 아름다운 꽃 대하듯이 바라봐주면 나는 꽃처럼 살아가게 되고, 나를 개똥처럼 바라봐주면 나는 개똥처럼 살아가게 된다.

내 속엔 나보다 더 아름다운 내가 있다

사람들은 자기를 아름답게 만들어주는 대상을 만나기 전에는 자신이 아름답다고 생각하지 못한다. 자신이 아름답다고 느끼게 해주는 대상을 만나야 자신이 아름답다는 걸 알게 된다.

정신분석학자 코헛은 이렇게 자신의 타고난 생동감과 대단함, 그리고 완전함을 지지해주고 반영해주는 대상을 거울자기대상[7]이라고 했다. 이 거울자기대상의 힘을 알았기에 백설공주를 시기하던 왕비가 그토록 거울에 매달리지 않았을까. 거울이 예쁘다고 하면 예쁜 거고 거울이 밉다고 하면 미운 거다. 왕비는 거울자기대상을 만나지 못했기에 자신이 못생겨 보인 거다. 그래서 백설공주를 시기하며 살아갔을지 모른다.

신데렐라는 허드렛일만 해서 재를 뒤집어썼다는 뜻으로 붙여진 이름이다. 그런 신데렐라를 도왔던 요술쟁이 할머니가 신데렐라에게 걸었던 가장 빛나는 마법이 하나 있다. 거울자기대상을 이용한 변신술이었다. 요술쟁이 할머니는 신데렐라에게 너는 개똥이 아니라 꽃이라고 주문을 걸었던 거다. 그렇다. 거울자기대상은 요술쟁이 할머니처럼 어느 날 예기치 않은 곳에서 불쑥 나타난다. 그리고 이제까지 알지 못한 자신의 아름다움을 되돌려주는 마법 같은 존재가 된다.

동화니까 가능하다고 할 것이다. 아니, 그렇지 않다. 상담실을 거쳐갔던 대부분의 단골들이 신데렐라였다. 많은 신데렐라가 자신 안에 눈부시고 아름다운 꽃씨가 심어진 줄도 모르고 재를 뒤집어쓴 남루한 모습으로 상담실 문을 두드린다. 그러고 나서 상담사라는 요술쟁이 할머니를 만나면서 자신에게 어울리는 꽃을 보란 듯이 활짝 피우고 떠난다.

평생 개똥같이 대접받았는데 자신이 꽃이라고 수긍하기까지 어찌 시간이 걸리지 않을까. 상담사들은 개똥이 꽃이 되는 기적 같은 순간을 위해, 수십만 번 당신은 꽃이라 불러주며 기다린다. 자칭 '신데렐라'들이 꽃이라는 이름으로 출석을 부르면 당당하게 "네"라고 대답할 수 있을 때까지. 그리고 '나보다 더 아름다운 나'와 재회하는 기쁨에 이르러, "내 안에 이렇게 눈이 부시게 고운 꽃이 있었다는 것을 나도 몰랐습니다 / 몰랐어요"라고 고백하고 꽃이 되어 떠나가주니 고마울 뿐이다.

세상에는 두 가지 종류의 사람들이 있다. 거울자기대상을 이미 만난 사람과 앞으로 만날 사람들이다. 다행인 건 거울자기대상을 성인이 되어 뒤늦게 만날 수도 있다는 거다. 꼭 가족이나 상담사가 아니어도 좋다. 친구나 동료, 선후배, 이웃이나 지인, 그 누구도 거울자기대상이 되어줄 수 있다. 거꾸로 자신이 누군가의 거울자기대상이 되어주는 것은 또 얼마나 멋진 일인가.

문학치유 처방전

:거울자기대상

◖ "깨진 거울은 절대로 보지 말라"라는 이야기가 있습니다. 단 1초라도 거울에 비친 이미지가 뇌에 강하게 각인될 수 있기 때문입니다. 거울과 연관된 이미지가 삶에 미치는 영향력은 어마어마합니다. 이 강력한 힘을 활용해 뇌 과학자 라마찬드란은 거울요법을 창안했고 실제로 많은 환지증 환자를 고치기도 했답니다.

이제부터는 아무 거울이나 보지 마세요. 집에 있는 거울 중에서 가장 괜찮은 느낌을 주는 거울을 골라 사용하세요. 이참에 거울 하나를 장만하셔도 좋습니다.

◗ 자기 스스로 거울자기대상이 되어주는 연습도 중요합니다. 김용택 시인의 시 〈당신의 꽃〉을 매일 아침저녁으로 거울 속 당신에게 낭독해줍시다. 일종의 최면이나 주문을 거는 의식이 될 겁니다.

◖ 함석헌의 시 〈그 사람을 가졌는가〉를 읽고 지금까지 살아오면서 자신에게 힘이 되어주었던 '그 사람'에게 감사 편지를 써보는 시간을 가져보세요.

내일 더 슬퍼지지 않으려면
오늘 슬퍼하라

: 애도

상실에 하루라도 더 빨리 항복하면 할수록 좋다.
내일 더 슬퍼지지 않으려면 지금 슬픔 앞에 무릎을 꿇고 실컷 슬퍼하라.
실컷 우는 게 울지 않는 것보다 백배 낫다.
애도와 한탄 뒤에는 반드시 어떤 쾌감이 주어지므로.

통곡할 때가 있고
기뻐 춤출 때가 있다

○

나는 슬픈 나무
슬픔을 견딜 수 없을 때마다
가지들을 잘라내었다
열심히 가지를 잘라내며
몇 해가 지났는지 모른다
모든 슬픔을 털어냈었으니
내 몸은 얼마나 가벼워졌겠는가
그렇게 시간이 흐른 어느 날
어디선가 어린 나무들이 하나둘씩

내 품속을 파고드는 것이 아닌가

가지를 잘라내는 일이

슬픔을 꺾꽂이하고 있었던 것이라니

내가 낳은 슬픔이

거대한 숲으로 부풀고 있었는지도 몰랐으니

한 그루 슬픔을 견뎌내지 못하더니

이제 수천 그루

수만 그루 대가족의 슬픔을 짊어지게 되었으니

– 전미정, 〈한 그루 슬픔이〉[1]

"다 울어도, 저만은 울 수 없어요."

울 때가 있고 웃을 때가 있는 게 삶이건만, 작든 크든 가볍든 무겁든 뭔가를 잃으면 울고 뭔가를 얻으면 웃는 게 삶이건만, 유독 야박하게 대하는 감정 중 하나가 슬픔이다. 슬픔이 감정의 문지방을 넘지도 못하도록 길목을 막아서기 일쑤다.

운다고 뭐가 달라질 것도 아닌데 그만 울자고, 세월이 아까우니 좋은 생각만 하자고, 산 사람은 살아야 한다고, 지나간 일은 빨리 잊는 게 상책이라고, 울면 안 되는 이유를 들자면 하룻밤으로도 부족할 판이다. 슬픔이 몹쓸 전염병이라도 된다는 듯이 휘모리장단으로 쫓아내려 든다. 다신 얼씬거리지도 못하는 곳으로 유배시키기까지 한다.

프로이트는 말했다. 슬픔은 상실에 대한 당연한 반응이니 치료받을 일이 아니라고.[2] 그러니 슬픔은 제때 퍼내어야 건강하다. "나 다 해결했어. 까짓것 아무것도 아니더라." 이렇게 조적방어를 하면 조울증 환자가 될 수도 있다. 조울증은 병리적 애도다. 때를 놓쳐 썩은 냄새가 진동하는 슬픔이다. 그리고 슬퍼하는 일보다 그럴 만한 근거가 없음에도 지나치게 행복한 '다행증多幸症(유포리아)'이라는 조증이 더 치명적이다.

상실이 깊을수록 철저하게 애도해야 하는 게 맞다. 애도哀悼. 슬퍼하고 두렵고 떨려야 한다. 그 혼돈에 빠진 심정을 그대로 안아주고 얼러주는 과정이 애도다. 더구나 상실은 슬픔만을 소환하지 않는다. 분노도 불러낸다.[3] 분노만 부르고 끝나지 않는다. 슬픔은 후회를 부르고, 후회는 분노를, 분노는 죄책감을 부른다. 시기, 공격심, 질투, 증오 등 온갖 감정의 해일이 상실의 해변으로 밀려든다. 감당할 수 없을 정도로.

《책 읽어주는 남자》의 남자 주인공 미하엘은 사랑했던 여인한나가 죽자 극단의 상실감에 빠진다. 그러지 않으려고 했지만 그녀와 관련된 기억의 방아쇠가 자꾸 당겨진다. 그래서 결심한다. 그럴 바에는 차라리 한나와 연루된 감정의 해일 속으로 뛰어들어보자고.

미하엘은 불편한 과거의 사건을 하나씩 소환해 애도를 시도한다. 그녀가 연인이었음을 철저히 숨기고 지냈음을, 수영장으로 찾아온 그녀를 낯선 사람 취급했음을, 그녀가 범죄자로 낙인찍히길 내심 바랐음을, 그녀가 종신형에 처하도록 진실을 방조했음을, 수감된 그녀에게 단 한 번도 편지를 쓰지 않았음을, 자신이 사랑의 감정을 기만하는 이기적 인간이었음을, 결국 18년간 수감 생활을 마치고 석방되는 날 아침, 그녀가 자살하도록 방치했음을, 그녀가 자신을 철저하게 속였음을, 그녀가 자신을 이용했음을, 그녀가 자신을 배신했음을….

한나와 함께했던 지난 세월에 대한 글을 쓰면서 그는 명치끝이 무척 아팠으리라. 자신이 저지른 배반과 배신의 목록, 그뿐만 아니라 상대에 대한 원망과 분노의 목록까지 낱낱이 기록하는 일은 고통이 아닐 수 없다. 죄책감, 분노, 후회, 비탄, 서러움, 염증, 부끄러움의 감정이 호출될 때마다 총알이 가슴에 박혔으리라. 울었으리라. 한탄했으리라.

죽을 정도로 힘들어도 애도는 제때 제대로 해야 한다. 고통스럽겠지만 역지사지하며 상대방 입장도 되어보고 자신의 입장도 되어보아야 한다. 피해자 심정도 되어보고 가해자 심정도 되어보아야 한다. 자신을 떠난 사람에게, 자신이 떠나온 사람에게, 혹은 망자에게, 보여주지 않았던 그리고 자신마저도 속여왔던, 감정의 속살까지 죄다 들춰서 말이다.

환멸의 외줄타기 ○

그러므로 애도는 환멸의 외줄타기다. 자신에 대한 환멸과 떠난 대상에 대한 환멸을 견뎌야 성숙하는 것이다.[4] 때론 자신에 대한 환멸로 인해 후회의 아픔을, 그리고 대상에 대한 환멸로 인해 상실의 아픔을 견뎌야 하는 날이 있다. 심적 고통이라는 희생 제물을 요구한다는 점에서 애도는 분명 눈물의 의식儀式이다. 진정한 고통은 비탄의 눈물을 통해서만 승화되기 때문이다.[5] 그래서 니체는 괴로워하는 데도 의지가 필요하며 그런 의지가 있어야 생의 기쁨이 따라온다고 했으리라.[6]

어린 시절 인상적인 동네 풍경이 아직도 선하다. 굿판이다.

굿이 열리는 마당은 울음바다였다. 사람들은 땅바닥에 주저앉아 숨이 넘어갈 듯 실신하기도 했고, 마구 뒹굴면서 억울하다고 소리도 쳤고, 욕을 하거나 화를 내기도 했다. 그 광경이 어린 눈엔 묘하게 기이하고 묘하게 두려웠다. 동네 사람들은 "쯧쯧, 어쩌자고, 아이고, 저런" 같은 다양한 슬픔의 추임새를 던졌더랬다. 무당은 매개자라는 이름에 걸맞게 의뢰인의 감정을 최고조로 끌어올리느라 진땀을 뺐다.

무당까지 불러다가 동네 사람들 다 보는 앞에서 저렇게 통곡해야 했을까. 그땐 몰랐으나 이제는 그 심정을 조금 알겠다. 상담이나 심리치료가 있는지조차 모르던 시절, 1970년대에는 그게 통했을 수 있다. 갑작스러운 사고로 죽은 가족 뒤에 남은 생존자의 외상을 위로해줄 방법이 없었으니까. 씻김굿이나 노제는 외상을 씻어주는 심리치료의 일종이다. 굿을 치료 기법으로 적극 활용하는 듯 보이는 연극치료사를 본 적이 있다. 무당 못지않게 의뢰인의 복받치는 감정을 끌어내고, 얼러주고, 부추기고, 망자나 떠난 자와 재회시키고, 응어리진 감정을 풀어주는 광경이 무당을 연상시켰다.

남의 장례식장에 와서 자기 부모 일이나 되는 듯이 꺼이꺼이 목 놓아 우는 사람들이 있다. TV에서 슬픈 장면만 잡히면 주체

할 수 없이 눈물을 쏟아내는 사람들도 더러 있다. 그만한 데는 그만한 사연이 있는 법이다. 타인의 슬픔이 싹둑 잘라버린 과거의 한 그루 슬픔을 소환해낸 거다. 애도되지 않은 어제의 슬픔은 오늘의 슬픔을 마중물 삼아, 애도되지 않은 나의 슬픔은 너의 슬픔을 마중물 삼아, 기다렸다는 듯이 꺼이꺼이 목 놓아 울게 만드는 게 특징이니까.

미하엘은 사랑했던 한나와 관련되어 했던 행동들, 그리고 하지 않은 행동들을 곱씹고 또 곱씹었다. 그렇게 오랜 시간 고통과 뒹굴고 나서야 고질적인 상실증에서 치유되었다. 그는 말한다. 용기를 내어 애도하지 않았다면 오늘 다른 일로 상처를 입을 때마다 그녀와 관련된 상처가 떠올랐을 테고, 오늘 다른 일로 죄책감을 느낄 때마다 그녀와 관련된 죄책감이 다시 돌아왔을 거라고.

슬픔은 형식,   ○
행복은 내용

《그리운 메이 아줌마》의 서머는 어린 시절 엄마를 잃고 여섯 살에 메이 아줌마네로 입양되어 살았다. 서머가 열두 살 되던 해 메이 아줌마가 돌아가신다. 줄 수 있었던 사랑이란 사랑은 몽땅 퍼주셨던 그 메이 아줌마가 돌아가셨으니 얼마나 가슴이 미어졌을까. 그럼에도 제대로 한번 울어보지 못하고 여섯 달이 지나도록 아줌마의 빈자리를 지키느라 전전긍긍했다. 눈물의 수문水門을 틀어막기만 했다. 그러던 어느 날.

> 나는 울음을 터트렸다. 메이 아줌마가 돌아가신 뒤, 나는 한 번도 제대로 울어보지 못했다. 그저 아줌마의 빈자리를 견디는 데 급급해서 지난 두 계절 동안 내 속에 차오르던 눈물을 안으로 삼켜왔다. (…) 울고 또 울어도 울음은 그치지 않았다. 하도 많이 울어서 배와 목이 화끈거리고 욱신거리는데도, 나는 침대에 공처럼 웅크린 채 온몸의 기운이 다 빠지도록 울었다.[7]

서머는 여섯 달 치 분량의 눈물을 왈칵왈칵 쏟아내고 나서야 메이 아줌마를 진심으로 보낼 수 있었다. 메이 아줌마라는 무거운 돌덩이를 마음에서 내려놓을 수 있었다. 여섯 달 치 분량의 눈물만이 아니다. 서머는 젊은 나이에 돌아가신 가엾은 생모에 대한 상실감도, 메이 아줌마의 엄마 아빠에 대한 아픔까지도 몽땅 소환해 울어버렸다. 실컷 울고 나서 서머가 한 말이다. 이제 엄마와 메이 아줌마와, 메이 아줌마의 엄마 아빠를 생각해도 아프거나 두렵지 않게 되었다고. 자기 마음에 고요한 평온이 깃들었다고.

슬픔의 정서와 제대로 접속하게 되면 놀라운 일이 벌어진다. 과거에 해결되지 않은 아픔까지도 어루만져주니 말이다. 애도보다 더 좋은 치유가 있을까. 깊은 슬픔은 해묵은 감정의 독소까지도 빼주는 거창한 의식이 된다. 해독제解毒劑다.

사실 슬픔과 분노가 복받쳐 올라와도 그걸 혼자 게워내기란 쉽지 않다. 누군가가 그 외상의 등허리를 두들겨주고, 시큰한 콧물도 닦아주고, 가냘픈 몸을 안아주고, 감정의 토사물도 함께 치워주고 그래야 훨씬 수월하다. 이것이 상담사의 일이다. 상담도 따지고 보면 애도 의식이다. 슬픔은 형식이고 행복이 내용이[8] 되도록 돕는 거다. 애도라는 형식을 빌려 행복을 분만하도록 도와주는 조산실이 딱 상담실이다.

그런데 상담은 유산이라 할 수 있는 조기 종결이 더 많다. 순산은 보기 드물고 거의 난산이다. 그러니 종결에 이르도록 고비고비 다 넘기고, 살포시 행복을 안고 상담실을 떠나는 내담자를 보면 대견스럽고 눈물겹다. 난산을 이겨내주어서 참 고맙다.

지독한 애도 과정을 거치고 나면 마음의 근육이 튼튼해진다. 이제 어지간한 심리적 갈등이나 문제를 마주할 담력도 생긴다. 상실을 이길 수 있는 상대로 여기면 오산이다. 상실에 하루라도 더 빨리 항복하면 할수록 좋다.[9] 내일 더 슬퍼지지 않으려면 지금 슬픔 앞에 무릎을 꿇고 실컷 슬퍼하라. 실컷 우는 게 울지 않는 것보다 백배 낫다. 애도와 한탄 뒤에는 반드시 어떤 쾌감이 주어지므로.[10]

그래서다. 칼릴 지브란도 그랬다. "어떤 이는 말한다. '기쁨은 슬픔보다 위대한 것이라네.' 그러나 또 어떤 이는 말한다. '아니, 슬픔이야말로 위대한 것.' 하지만 이들은 결코 떨어질 수 없는 것. 이들은 함께 오는 것. 한편이 홀로 그대들의 식탁 곁에 앉을 때면 그러므로 기억하라. 다른 한편은 그대들의 침대 위에서 잠들고 있음을."[11] 슬픔을 쫓아내면 슬픔이 우려내는 달콤한 기쁨도 함께 쫓아내는 일임을, 슬퍼해야만 맛볼 수 있는 단맛을 놓칠 수 있음을 잊지 않았으면 좋겠다.

문학치유 처방전

:애도

"눈물을 삼키다"라는 말이 있습니다. 눈물은 흐르는데 왜 삼킨다고 표현할까요. 슬픔이란 감정은 소화해야 하는 것이기 때문이겠지요. 아우구스티누스는 기억을 정신의 위라고 하면서 기쁨과 슬픔을 단 음식과 쓴 음식으로 표현했습니다. 너무 써서 미처 삼키지 못한 슬픔이 있다면, 《그리운 메이 아줌마》나 《책 읽어주는 남자》를 빌려 슬픔을 촉진해보기 바랍니다.

고골의 〈외투〉를 읽어보세요. 우리는 모두 무언가를 상실한 사람들입니다. 도스토옙스키는 "우리는 모두 고골의 '외투'에서 나왔다"라고 했습니다. 고골이 잃어버린 그 '외투'는 당신에게 무엇인가요. 돈, 명예, 꿈, 가족, 고향, 우정, 직업… 그 무엇인지요.

프로이트는 애도는 조금씩 한 발자국씩 이루어진다고 했습니다. 한 번에 한 기억을 불러내고, 그 기억을 다시 체험하고, 그런 다음 그 기억을 떠나보내야 합니다. 그 과정을 통해 뇌가 다른 방식으로 재배선되고 새로운 사고를 하기에 이른답니다.

드러낼수록
가벼워진다

: 직면

C. S. 루이스가 말했다. 죄책감과 수치심의 종착역은 고백이 아니라고.
"수치심은 그 감정 자체로 가치 있는 것이 아니라,
그것을 통해 얻게 되는 통찰 때문에 가치 있는 것"이라고.

죄를 드러낼수록
죄책감이 줄어든다

야 이 후레자식아

점심은 뭘 먹을까

궁리하며 가는데

야 이 후레자식아

후드득 달려온 꽃이

내 면상을 때린다

금방 내팽개치고 온 말

야 이 후레자식아

후회하며 가는데

지금 네 눈엔

내가 보이지도 않느냐고

꽃들이 와르르 무너지며

고래고래 아우성이다

야 이 후레자식아

아직 떨어질 때가 아닌 꽃들이

아직 울부짖을 때가 아닌 꽃들이

땅만 보고 걷는 내 뒤통수를 치려고

딴생각만 하는 등짝을 후려갈기려고

제 몸의 비늘들을 마구 쏘아 보내고 있다

야 이 후레자식아

너 가는 데 어딘지 보자고

그렇게 가서

얼마나 잘되는지 보자고

어깨에 자꾸 달라붙는

두 팔 벌려 앞을 가로막는

꽃들아 꽃들아

야 이 후레자식아

– 최영철, 〈4월 꽃비〉[1]

후레자식. 몹시 버릇없는 사람을 낮잡아 이르는 비속어다. '후레자식' 님은 어디선가 버릇없이 굴고 돌아가는 길인가 보다. 꽃이 그의 면상을 때리고 고래고래 아우성을 치고 뒤통수를 치고 등짝을 후려갈긴다. 그 장면을 떠올리니 순간 우스웠다. 그러다 웃을 일이 아니구나 싶었다. 꽃으로도 때리지 말라고 한 저의가 새삼 의미심장하게 다가왔다.

아름다운 꽃이 회초리보다 부끄러움을 증폭시킬 것 같았다. 회초리보다 꽃이 더 쓰라리고 따가울 것 같았다. 회초리보다 꽃의 매가 남긴 멍이 더 오래갈 것 같았다. 그래서 스스로 물어보았다. 꽃에 맞을 짓을 해본 적이 없다고 큰소리칠 수 있을까. 꽃길을 수없이 거닐었으면서도 꽃매를 맞아본 적이 없으니 운이 좋아도 너무 좋았던 건 아닐까.

누가 뭐라 하지 않아도 남몰래 부끄러움에 고개 숙이게 되는 때가 있다. 누구나 몇 번쯤은 겪었을 일이다. 밤이면 밤마다 남몰래 더러운 음탕에 빠지곤 했고, 수치심은 내 마음속을 떠나지 않았고, 자신을 저주하고 싶은 심정이 되기도 했다고.[2] 이런 소설 속 고백이 딴 나라 사람들의 이야기이겠는가. 저주스러운 자신에게 달려드는 회초리가 비단 꽃뿐이겠는가. 우연히 날아온 돌멩이도 자신을 겨냥했다고 착각할 테다. 죄책감이 극심하면 이런 망상도 가능하다.

레프 톨스토이도 지나가다 길가에 핀 꽃에 난데없이 따귀를 맞지 않았을까. 그 참에 《참회록》을 쓰지 않았을까. "나는 전쟁에서 많은 사람을 죽였다. (…) 간음, 만취, 폭행, 살인… 내가 하지 않은 죄악은 거의 없었던 것 같다." 남몰래 요란한 속앓이하지 않았더라면 그가 공개적으로 고해성사를 시도했을 리 없다.

성자聖者였던 아우구스티누스도 톨스토이 못지않았다. 15년 넘게 동거한 여자를 차버린 건 그렇다고 치자. 집안 좋고 나이 어린 소녀와 결혼하기를 바라는 어머니의 뜻을 거절할 수 없었다는 것도 그렇다고 치자. 그를 괴롭혔던 건 배신이 아니라 욕정이었다.

《고백록》을 보라. "내 약혼녀를 맞이하려면 2년이나 기다려야 한다는 지루함을 견디지 못해 딴 여자를 또 얻었습니다. (…) 이처럼 병든 내 영혼은 육욕의 노예가 되어 결혼할 때까지 그 기세를 더해갔습니다"라고 고백하는 것이다.

사람들은 과거를 묻을 수 있다고 이야기하지만, 나는 그
것이 틀린 말이라는 걸 깨달았다. 과거는 묻어도 자꾸만
비어져 나오는 것이기 때문이다. 돌이켜보면, 나는 지난

26년 동안 아무도 없는 그 골목길을 내내 들여다보고 있었던 것 같다.

– 할레드 호세이니, 《연을 쫓는 아이》 중에서[3]

참회록 형식의 소설 《연을 쫓는 아이》는 이렇게 포문을 연다. 주인공 아미르는 26년 전, 정확히 열두 살 무렵 그 골목길에서 친구이자 하인인 이복동생(26년 전엔 이 사실을 몰랐다)을 배신한다. 그날 그 골목길과 연루된 죄책감이 26년이나 쉬지 않고 아미르의 삶을 집요하게 따라붙을 줄은 몰랐다.

자신을 향한 치욕과 혐오로부터 평생 도망쳤지만, 눈치 없는 운명은 그를 26년 전의 그 골목길로 결국 끌고 간다. 마침내 그는 그 골목길에 가서 무릎을 꿇는다. 그러고 나서야 혹독한 죄책감에서 벗어날 수 있었다.

죄를 드러내면 더 괴로워지리라는 건 착시일 뿐이다. 죄책감을 덜기 위해선 확대경과 미세경을 동원해서라도 부끄러운 자신의 모습과 맞대면해야만 한다. 동종요법인 거다.

불온한 삶,
부끄러움, 그리고 통찰

○

'의사' 님4이 갑자기 소설을 쓰겠다는 바람에 집안에 비상이 걸렸다. 어떤 소녀의 수술을 집도했는데 환자가 갑자기 사망했다는 거다. 그 분야에서 최고의 실력을 자랑하던 그는 엄청난 충격에 휩싸였다. 밤잠을 못 이루고 가슴이 두근거리고 쫓기는 듯 두려워 사표를 쓰기에 이른다. 여기까진 그럴 수도 있겠거니 하는데 그다음이 예상을 깬다. 충격을 달래려고 여행이나 요양을 선택할 줄 알았는데 글쎄, 집에 틀어박혀 소설을 쓰겠다는 거다.

도대체 갑자기 소설은 왜 쓰며 뭘 쓰려고 저러나 호기심이 작동하지 않을 수가 없다. 전쟁 이야기를 쓰겠다고 했단다. 패잔병이 되어 탈출하는 과정에서 동료가 죽게 된다는 결말이란다. 알고 보니 젊은 날 전쟁에 참전했다 패잔병이 되었던 자신의 이야기였던 거다.

그가 전쟁에서 외상을 얻은 줄을 가족 누구도 전혀 모르고 지낸 눈치였다. 전쟁이 남긴 죄책감으로 혼자 속앓이를 하며 아무 일 없는 사람처럼 사느라 힘들었으리라. 그러다 의료사고가 나는 바람에 해묵은 죄책감의 아킬레스건이 건드려진 거다. 마음을 잡아끄는 죄책감의 중력을 더 이상 뿌리칠 수 없게 된 거였다. 부끄러워 20년을 뒷길로 피해 다녔지만 이젠 직면하자고, 자신의 파렴치함과 비열함을 똑바로 응시하자고, 그 이야기를 직접 써 내려가보자고, 종이에라도 죄책감을 털어내자고, 소설로라도 고해하자고, 그랬던 거였다.

몇 년 만에 제자가 찾아온 적이 있다. 자리에 앉기가 무섭게 소설을 한번 써봤는데 진짜 좋았다며 입에 침이 마른다. 이 말을 하고 싶어서 먼 길을 달려왔던지 잔뜩 달떠 있었다. 문학 강의를 할 때마다 학생들에게 소설을 꼭 써보라고 권한다. 실패했을 때, 상처받았을 때, 배신당했을 때, 앞이 캄캄할 때, 분노가 치밀 때, 죽고 싶을 때 쓰라고. 쓰고 나면 마음이 가벼워진다고 인이 박히도록 강조했었다.

이 제자가 일곱 살 되던 해 어머니가 외도를 하고 집을 나가버렸단다. 고사리 같은 손으로 집안 살림까지 도맡아 힘겹게 견뎌왔는데, 스물다섯이 되어 그 어머니가 불현듯 돌아온 거다. 병든 몸에 빚까지 안고 왔으니 어찌 용서가 쉽겠는가. 나쁜 마음이 치밀어 오르고 삶이 혼란스러워졌단다. 그때 번뜩 문학 강의에서 삶이 힘겨울 때 소설을 쓰라던 말이 번개처럼 스친 거다. 주말마다 짬을 내어 지나온 삶을 두서도 없이 떠오르는 대로 끄적거리기 시작했단다. 그러길 두 달이 지난 어느 날인가. 마구 뒤엉켰던 자신의 삶도, 엄두가 나지 않던 어머니와의 관계도 조금씩 정리가 되기 시작했단다. 상황은 바뀐 게 없는데, 마음이 한결 가벼워졌다고. 너무 신기하다고. "그걸 종이에다 적으면 저절로 떨어져 나간다고 나는 믿고 있다"[5]라는 고백자가 또 한 사람 생긴 거다.

소설가 오르한 파묵은 어느 날 길을 걷다 우연히 만난 독자 때문에 화들짝 놀랐다고 한다. 지나가다 스친 행인이 다가오더니 다짜고짜 이러더란다. "파묵 씨, 당신의 모든 책을 읽었습니다. 내가 당신을 얼마나 훤히 꿰뚫고 있는지 알게 되면 놀랄걸요"라고. 그때 파묵은 "알 수 없는 죄책감과 부끄러움에 사로잡혔"단다.[6] 저런 심정이 파묵에게만 있었을까. 많은 작가들이 부끄러움의 먹물을 갈아서 고백이라는 펜대를 굴렸으리라.

비단 소설가뿐이랴. 어린아이들이 자기 맘대로 지어내는 이야기도 잘 들여다봐야 한다. 그 이야기 속에는 간혹 고해성사라는 꼼수가 숨겨져 있으므로. 드러내놓고 잘못을 말하기 민망하니까 남의 이야기하듯 자신의 잘못을 뉘우치려는 의도에서 이야기를 지어내는 거다. 그렇게라도 털어야 마음이 편해지니까. 그나마 기특하다.

몇몇 절친한 친구 이외엔 아무에게도 털어놓을 수 없는 일이 있다. 아니 친구에게조차도 털어놓을 수 없고, 오직 자기 자신에게만, 그것도 아주 은밀히 고백할 수밖에 없는 그런 일도 있다. 심지어는 자기 자신에게조차 고백하기가 두려운 경우도 있다.

― 도스토옙스키, 《지하 생활자의 수기》 중에서[7]

자신에게조차 고백하기 두려운 은밀하고 깊은 비밀들은 소설로 풀어내기에 안성맞춤이다. 그래서인지 소설가들조차도 자신의 소설 속에 자기 고백을 은근히 가미한다. 이청준 소설가는 자기 삶의 부끄러움 때문에 소설을 썼고, 소설 쓰기는 자신에게 젖은 속옷을 말리는 일이었다고 고백했다.[8]

가슴 갈피갈피마다 파고드는 죄책감은 어찌 끝날 줄 모르는지 환멸스럽다. 자신에 대한 환멸과 결별하는 길은 스스로 아름다운 내부고발자가 되어주는 거다. 하지만 고발은 고발 자체로는 아무 의미가 없다. C. S. 루이스가 말했다. 죄책감과 수치심의 종착역은 고백이 아니라고. "수치심은 그 감정 자체로 가치 있는 것이 아니라, 그것을 통해 얻게 되는 통찰 때문에 가치 있는 것"[9]이라고.

통찰 없는 수치심은 수치심만 더할 뿐이다. 부끄러움의 최전방에 이르러 만신창이가 되어보아야 한 번도 가보지 못한 삶의 저편에 이를 수 있게 된다. 수치심을 통해서만 인간이 얼마나 나약하고, 불완전하고, 저열하고, 비루한 존재인지를 깨닫게 된다. 그래서 삶의 자세가 낮아지고 자신은 물론 타인까지도 겸허하게 수용하기에 이른다. 여기에 수치심과 고해성사의 매력이 있는 건 아닐까.

봄이 오면, 달려가 4월 꽃비를 맞아보련다. 꽃길을 걸으며 진홍같이 붉은 죄목을 꺼내 낱낱이 고해하며, 불온한 삶의 이력과 연루된 부끄러움을 꽃잎과 함께 날려보내리라.

문학치유 처방전
: 직면

◖ 과거의 상처와 우연히라도 부딪히게 될까 봐 뒷길로 피해 다니는 불편함에서 해방되고 싶지 않나요. 자신 안의 불쾌한 정서는 '허구'를 거치면 좀 덜 부끄럽게 좀 더 자연스럽게 연소시킬 수 있습니다.

이청준의 《병신과 머저리》, 이언 매큐언의 《속죄》, 할레드 호세이니의 《연을 쫓는 아이》 등의 소설은 주인공의 죄책감을 다루고 있습니다. 주인공이 겪은 사건에 동참하다 보면 오래 묻어뒀던 사건이 생각나거나 누군가가 불현듯 떠오르기도 할 겁니다. 마음을 불편하게 하는 사건일수록 용기를 내고 마주 봐야 합니다. 구차한 변명이어도 괜찮고, 사과문도 좋고, 편지 형식도 좋으니 써 내려가보십시오.

◖ 꼭 당사자에게 사죄하라는 건 아닙니다. 경우에 따라선 무덤까지 가져가는 게 서로에게 최선인 경우도 있으니까요. 그럼에도 혼자 품고 갈수 없다면 고해성사나 상담의 형식을 빌리는 것이 좋습니다.

기록하면
고통이 사라진다

: 승화

고통도 기록하면 사라진다. 버지니아 울프의 말이다.
이 말 뒤에 한마디만 더 보태라고 한다면,
기록된 고통이야말로 다른 고통을 치유하는 마중물이 된다는 것이다.
어떤 자의 슬픔은 다른 자의 행복 수치를 상승시킨다.

죄짓지 않으려고
글을 쓰다니

소설가 알베르 카뮈는 태어나자마자 아버지를 잃었고, 가난한 어린 시절을 보냈으며, 청소년기에 접어들자마자 병에 걸려 고생을 했다. 그를 안타깝게 여기던 고등학교 스승 장 그르니에가, 그의 글에서 울부짖는 소리를 들은 건 당연해 보인다. 부당하게 상처 입은 짐승의 울부짖음이, 이유도 모른 채 유죄 선고를 받은 억울한 자의 울부짖음이.

아버지를 잃은 상실감이 그에겐 태풍이었고, 가난이 천둥이었으며, 병마가 벼락이지 않았을까. 세 겹의 불운에 욱여 싸였으니 신음이 나오고 울부짖게 되는 게 당연하다. 누구든 이런 상황에 맞닥뜨렸다면 막막하고, 참담하고, 울화가 치밀었으리라. 그러다 어느 날 문득 그러고 지내는 자신이 두려워졌다고 한다. 이대로 가다간 자신이 무슨 짓을 저지를지도 모른다는 불길함에 압도된 거다. 기적은 언제나 가까이에서 일어나는 법이다. 평소에 관심이 많았던 글쓰기가 그를 구원할 줄이야. 알베르 카뮈는 원망과 한탄이 밀려올 때마다 펜을 굴렸다. 그렇게 시작한 글쓰기가 그를 위대한 작가의 반열에 올려놓는다.[1] 소설을 방패 삼아 불운을 보란 듯이 물리칠 수 있었던 거다.

예견된 범죄로부터 나약한 영혼을 소설이 구원해준 사례는 차고 넘친다. 박완서가 소설가로 입문하게 된 동기도 예사롭지 않다. 그녀는 6·25 전쟁을 거치면서 듣도 보도 못한 온갖 기만과 모욕을 당한다. 빨갱이로 몰렸다가 반동으로 몰렸다가 하찮은 벌레 취급당하는 느낌이었다고 한다. 의용군으로 나갔다가 부상을 입고 돌아온 오빠가 여덟 달 만에 세상을 떠나는 등 전쟁의 참상을 온몸으로 겪는다. 하여 치를 떨어야 했다. 증오심에 사로잡혀야 했다. 걷잡을 수 없는 복수심에 불타오르기도 했다. 그럴 때마다 생각지도 않은 다짐을 했다. 전쟁이 끝나기만 해봐라, 이 기막힌 일을 소설로 앙갚음하고야 말겠다고. 신기한 건 소설을 쓰겠다는 결심만으로도 엄청난 위안이 되더라는 거였다. 놀랍게도 그 짐승 같은 삶을 견디게 하는 힘이 되더라는 거였다.

> 온갖 박해를 받고 기만도 당하고 모욕도 당하고 (…) 밑바닥까지 버러지 같은 취급을 받으면서도 내 정신까지, 버러지가 되지 않고 견딜 수 있었던 거는, (…) 잊지 말고 기억했다가 언젠가는 저것들을 소설로 쓰리라. (…) 이것이 제정신을 잃지 않고 그 시대를 견디는 힘이 됐다고 생각합니다. (…) 소설에는 그런 힘도 있다고 생각해요. 그것이 남에게 읽혔을 때도 내 소설이 그런 위안과 힘이 되었으면 좋겠어요.
>
> — 박완서, 강연 〈나는 왜 소설가일 수밖에 없나〉 중에서[2]

가끔 생각해본다. 어떤 사람들에겐 삶이 하도 다짜고짜로 덤비니까 삶 자체가 폭력처럼 느껴지기도 하겠다고. 소설가 조지 오웰이 그런 삶을 살았다. 그는 유아기 이후로 어머니 말고 어떤 어른에게도 사랑받은 느낌을 얻지 못했다고 한다. 친구들과 선생님들 사이에서도 늘 혼자였단다. 이른바 왕따였다. 폭력의 피해자였다.

나는 외로운 아이들이 그렇듯 이야기를 지어내고 상상
속의 인물들과 대화를 나누는 습관을 갖게 됐는데, (…)
그것이 나날이 겪는 실패를 앙갚음할 수 있게 해주는 나
만의 세상을 만들어준다는 느낌을 받았다.

– 조지 오웰, 《나는 왜 쓰는가》 중에서[3]

처참했다. 외로웠다. 어렸기에 현실에선 달리 희망의 패를 찾
을 수 없었겠다. 그래서 상상의 동네를 기웃거렸다. 상상의 동
네에선 아무에게도 따돌림당하지 않았기에 행복했다. 그렇게
드나들다가 결국 그는 소설 나라의 당당한 시민권자가 된다. 이
야기에 집중하는 시간만큼은 외롭지 않았다고 한다. 이야기 속
친구와 단짝이 되어 지내는 게 즐겁고 행복했단다. 어린 오웰을
실패자로 몰아붙인 현실의 친구들과 어른들을 향한 짜릿하고
통쾌한 그의 복수는 마침내 성공했다.

작가들이 복수 방법으로 글쓰기를 택하지 않았다면 어떻
게 됐을까. 인내엔 한계가 있으니 극단적 선택을 시도하지 않
았으리라고 누가 장담하겠는가. 감정이 격해진 나머지 살인을
저질렀을지 누가 알겠는가. 적대적 반항 장애자나 반사회적
장애자가 되었을 수도 있다. 직접 복수하지 않고, 소설이라는

활로 복수심의 화살을 쏘아 올린 게 천만번 잘한 짓이다. 속을 터놓지 않아서 그렇지 다른 작가들도 자신이랑 똑같은 이유로 소설을 썼을 것이라고 오웰은 확언한다. 어려서건 커서건 자신을 얕보고 괴롭혔던 사람들에게 앙갚음하려고 쓴 것 아니겠냐고.

너보담도, 내보담도 슬프지 않다고

꼭 복수심만이겠는가. 어떤 날은 불쑥 올라오는 충동에 당황했으리라. 그런 충동질을 잠재우려고 이를 악물었으리라. 그러다 극적으로 이 위험한 충동을 처리할 묘책을 글쓰기에서 찾았으리라. 자신이 겪은 아픔을, 충동을, 갈등을 이야기로 버무려 봤더니 속이 시원해졌으리라. 그래서 계속 썼으리라.

도스토옙스키는 어쩌면 아버지에 대한 모종의 나쁜 감정으로 괴로워했는지 모른다. 그 불편한 감정을 처리하고자 아버지 살해 충동을 그린 《카라마조프가의 형제들》을 쓰지 않았을까.[4] 어쩌면 소포클레스도 아버지를 향한 증오심으로 괴로워서 그걸 덜어내고자 《오이디푸스왕》을 쓴 게 아닐까. 불쾌감을 주는 억압된 욕망이나 충동을 어떻게든 처리해야 살 것 같았으므로, 글쓰기를 굴뚝으로 삼았으리라. 연소해보니 가벼워졌으리라.

　독자들은 밋밋한 해피엔딩을 본능적으로 싫어한다. 피와 살을 가지고 살아가는 독자라면 삶을 짓누르는 위험과 고난을 막 돌파하고 나온, 상처투성이의 뜨거운 해피엔딩을 갈망한다. 고난이 없는 삶처럼 삶을 기만하는 일이 있을까. 삶이 우리를 배신하지 않는 한 가지 진실이 있다면, 너나없이 모두 자기 몫의 아픔을 이미 관통했으며, 지금도 관통하고 있으며, 앞으로도 관통하리라는 사실이다. 그리고 그 상처는 반드시 좋은 바람과 볕에다 널어 보송보송 말려야 한다.

　옆집 작은 꽃밭의 채송화를 보세요
　저리도 쬐그만 웃음들로 가득 찬
　저리도 자유로운 흔들림
　맑은 전율들을

　내 속에 있는 기쁨도
　내 속에 있는 슬픔도

태양 아래 그냥 내버려두면

저렇듯 소박한 한 덩어리 작품이 될까요?
저렇듯 싱그러운 생 자체가 될까요?

– 김상미, 〈질투〉[5]

   그 바람과 볕이 글일 수도, 그림일 수도, 음악일 수도 있다. 작가들은 자신들이 겪었던 아픔을 창작의 제물로 아낌없이 바치는 자들이다. 그 예식에 기꺼이 참여하는 자들이 독자들이다. 억울함과 아픔을 제물 삼아 피어난 한 송이의 시가, 한 그루의 소설이, 한 다발의 그림과 음악이 상처 입은 자들의 눈물을 닦아주는 거다. 서로 부둥켜안고 울어주는 거다. 그걸 일러 '치유'라고도 하고 '승화'라고도 한다.

   고통도 기록하면 사라진다. 버지니아 울프의 말이다. 이 말 뒤에 한마디만 더 보태라고 한다면, 기록된 고통이야말로 다른 고통을 치유하는 마중물이 된다는 것이다. 어떤 자의 슬픔은 다른 자의 행복 수치를 상승시킨다. 오해 없기를 바란다. 자신은 적어도 그들만큼 불행하지는 않다는, 그런 경박한 우쭐댐과는 차원이 다른 행복이다. 어떤 슬픔이나 불행도 저울질할 수 없다. 그건 우리에게 뜨거운 동질감을 선사할 때 빛나는 거다. 그때만이 달달한 원초적 위안을 주는 거다.

그래서 사는 게 고달프면 쪼르르 시나 소설 앞으로 달려가나 보다. 한여름 넉넉한 그늘이라도 된다는 듯이 달려가 답답한 가슴을 식히고 돌아온다. 쨍쨍한 가을볕이라도 된다는 듯이 슬픔을 널어 말린다. 나잇살이 늘고 보니 기쁨보다야 널고 말려야 할 슬픔이 훨씬 많다는 걸 알게 되었다.

이것이 우리가 문학이라는 식탁에 둘러앉아 서로의 아픔을 맛보아야 하는 이유다. 그 앞에 둘러앉아 스스로 얼마나 힘들었냐고, 그동안 애썼다고 위로해주어야 하는 이유다. 그래서 주저앉았던 행복의 척추를 다시 반듯이 세워주어야 할 일이다.

그래서인가. 상담을 공부한 뒤로 문학이 훨씬 소중하게 느껴진다. 문학 하길 너무 잘했다는 생각이 든다. 그동안 도서관에서 상담실에서 문학치유를 통해서 경험했던 감동적인 순간들을 어찌 잊으랴. 한 편의 시, 한 편의 소설로 우리 마음이 얼마나 높이 일렁이고 출렁거렸는지를. 그 구슬프고 처연한 언어를 부여잡고 쏟았던 눈물을 서로 닦아주면서 고팠던 마음이 얼마나 배불렀는지를. 그러니 눈물과 아픔으로 시, 소설이라는 밥을 지어 독자들을 먹이는 작가는 따뜻한 어머니와 참 많이 닮았다.

전쟁이냐 평화냐, 글쓰기의 역설

○

로맹 가리가 쓴 자전적 소설인 《가면의 생》에는 정신증을 글쓰기로 치료하는 주인공의 이야기가 나온다. 주인공에게 의사는 약 대신, 하루에 9시간씩 글쓰기를 하라는 처방을 내린다. 소화불량 상태인 현실을 비워내는 글쓰기가 건강에 이로운 배설 행위임을 믿었기 때문이다. 이 소설 끝에 의사가 하는 말이 인상적이다.

> 당신은 이제 자신의 고통으로부터 거의 벗어났소. 아자르, 다만 그 고통이 없다면 당신은 더 이상 한 줄의 글도 쓸 수 없을 거요.[6]

전쟁 같은 고통을 겪어야 글을 쓸 수 있고, 글을 쓰다 보면 평화가 깃들고, 평화가 깃들면 더 이상 글을 쓸 수 없단다. 예전에 어떤 상담사도 이런 비슷한 이야기를 했었다. 필자가 쓴 시집을 읽고 나서 묘한 표정을 짓더니 정신분석을 받고 정서적 폭풍이 가라앉으면 그런 시를 다시는 쓰지 못할 거라고. 아쉽다는 말인지 잘됐다는 말인지 순간 헷갈렸더랬다.

그때 잠시 시를 계속 쓰느냐 정신분석을 받느냐, 전쟁이냐 평화냐, 고민이 안 된 건 아니다. 지나고 보니 헛된 고민이었다. 살다 보면 어차피 어디선가 삶의 풍랑이 또 밀려올 텐데. 살다 보면 또 어떤 응어리가 질 텐데. 살다 보면 또 슬픔이 차오를 텐데. 그러니 글쓰기라는 군불을 지피기 위한 감정의 연료가 바닥날 일은 없을 텐데. 괜한 걱정을 미리 했더랬다.

가끔 강연하다 보면 어김없이 나오는 질문이 있다. 글 쓰는 게 정서적 치유가 된다면, 스스로 자기 삶을 마감한 작가들은 어째서 그런 거냐고. 그럴 때 이렇게 답하곤 한다. 글쓰기가 조금이라도 그들의 삶을 연장시켜주었을 거라고, 그리고 살아 있는 동안이나마 고마운 진통제가 되어주었을 거라고. 괴테도 고백한 바 있다.《젊은 베르테르의 슬픔》을 쓰면서 짓눌렸던 고통에서 해방되었노라고. 지금 여기 삶이 버겁고 힘겹다면 그 이야기를 언젠가 소설이나 시로 쓰리라 다짐만이라도 해보면 어떨까. 다짐만으로도 힘이 솟으리라. 아니 당장 종이를 꺼내 끼적여보는 건 어떨까. 해방감을 조금이라도 느낄 수 있지 않을까.

문학치유 처방전

:승화

가끔 시험에서 요구하지도 않은 답안을 작성하는 학생들이 있습니다. 성장기에 겪은 폭력이나 외상에 관한 이야기들입니다. 처음엔 이걸 왜 답안지에 쓸까 의아했습니다. 하지만 이제는 조금 알 것 같습니다. 누군가 들어주는 것만으로도 위로가 된다고 믿었던 것이겠지요.

억울함, 분노, 복수심, 슬픔, 좌절, 외로움을 짧게라도 '구체적으로' 써 보십시오. '안네'가 쓴 '일기'처럼 써 내려가는 것도 좋습니다. 안네는 종이는 사람보다 참을성이 많다고 했습니다. 고통스러운 감정과 관련된 경험에 대한 글쓰기가 의료 기관을 찾는 횟수를 줄여준다고 합니다.

박성우의 시 〈삼학년〉을 물꼬 삼아, 억울했던 일, 수치스러웠던 일, 배신당했던 일을 써 내려가보세요. 막상 글로 쓰면 태산같이 크고 초대형 태풍처럼 압도적인 불안이나 두려움, 공포가 줄어듭니다.

쓰고 나서 함께 나누면 더욱 좋습니다. 기쁨은 배가 되고 슬픔은 줄어듭니다.

Room 4

이제 손을
내미는
당신에게

땅만 보아서도,
별만 보아서도

: 환상

앙리 베르그송이 충고했다.
돈키호테처럼 하늘의 별만 응시한 채 달려가다가는
현실에 걸려 넘어질 수 있고,
땅만 보느라 고개를 너무 숙여도
현실에 걸려 넘어질 수 있다고.

무의식적 환상phantasy, 내면의 어두운 그림자

○

"아내가 저를 버렸어요. 여자들은 다들 왜 그러죠."

'환상P' 님이 처음 상담실에 들어오던 모습을 잊을 수가 없다. 동굴에 기어 들어오는 느낌이라고 해야 하나. 그다음도 특이했다. 손으로 불빛을 가리고 이야기하는 거다. 그는 입 대신 손으로 말하는 듯 보였다. 빛이 너무 밝다고 치워달라고. 상담사가 물었다. 눈이 부신가요. 그렇단다. 동굴처럼 어두운 게 편하단다. 아하, 그래서 그가 들어설 때 기어 들어온다고 느껴졌구나. 여러 번 만난 다음에야 그 이유를 알아낼 수 있었다.

그가 만나는 여자들은 모두 자신을 버리고 갔단다. 그의 친엄마가 떠났고, 첫 번째 아내가 떠났고, 누나 쪽에서 카톡을 차단했고, 야속하게도 두 번째 아내마저 그를 떠났단다. 직장 생활도 마찬가지였다. 여자 직원들과 불화가 끊이지 않는단다. 여기까진 그런가 보다 싶다. 그런데 심지어 6개월간 만난 상담사마저도 자신을 버리고 갔단다. 그의 이야기를 믿었지만, 상담사가 버리고 갔다는 대목에 이르러서는 갸웃거렸다.

그 답답한 심정이 헤아려진다. 새로 시작된 상담이 몇 번의 고비를 넘기고 나서야 '환상P' 님이 유독 여자들과 얽히고설키게 된 전말을 알게 되었다. 그가 세 살 되던 해 부모님이 이혼했다. 자신을 버리고 간 그때 그 엄마를 아직까지 보내지 않고 살았던 거였다. 그러므로 그가 만난 여자들은 그냥 여자들이 아니라 엄마라는 유령들이었던 거다.[1] 무의식적 환상 속에서 그가 만나는 여자들은 그의 대리 엄마 역할을 해주었을 뿐이었다. 그녀들은 그의 엄마가 되어 그를 떠나가야 하는 역할을 담당하고 있었던 거다.

앞서 만난 상담사가 자신을 버렸다는 이야기도 그렇다. 상담사가 급한 집안 사정으로 한 달간 자리를 비웠는데 자신을 버린 거라 믿는 거다. 그럼 그렇지, 정녕 당신마저도 날 버리는군.

내 팔자가 그렇지 뭐. 일말의 여지도 없이 상담사를 교체해버린 거였다. 상담사가 여자가 아닌 남자였다면 이렇게 반응하지 않았으리라. 결과만 놓고 보자면 그의 주변에 있는 여자들이 그를 버리고 떠나간 건 틀리지 않는 말이다. 하지만 아내가, 직장 동료가, 상담사가 자신을 떠나가도록 부추긴 건 누구도 아닌 바로 그였다는 사실을 자신만 모른 거다.

첫 번째 결혼에서 이혼이라는 극약 처방을 내린 건 아내였다. 하지만 놀랍게도 그건 바로 '환상P' 님이 원했던 결말이었다. 무의식적 환상에 걸려 있으면 자신이 하는 짓을 모른다.[2] 아내가 여행을 가고 싶어 하는 건 이혼 준비를 위함이라는 확신도, 여자 친구가 취업 준비를 하느라 연락이 뜸하면 이별 통보 받을 준비를 하는 것도, 여자 직원과 의견 대립이 있으면 팀에서 자신을 따돌리려는 꼼수라 여김도. 상대는 그럴 의도가 없어도 엄마의 유령, 무의식의 환상에 점령당하면 상대방은 그 환상의 각본에 맞춰 행동한다. '환상P' 님의 눈에는 그녀들이 자신에게 먼저 등을 돌리는 걸로 보이는 거다. 그러고 나서 하는 소리다. "거 보라고. 아내가 날 버렸잖아. 역시 여자란 믿을 수 없어."

무의식적 환상이라는 작가가 쓴 비극적 각본에 따라 사는 '환상P' 님의 내면 풍경이 밝을 리 없다. 사는 게 부질없다 싶으면 그는 동굴로 들어간다. 세상의 모든 빛을 철수하고 집 안에 처박혀 밤낮이고 잠만 잔다. 동굴은 그에게 심리적 고향이나 다름없었다. "비록 그가 자신의 마음속 세계와 전혀 다른 낯선 세계 안을 거닐고 그 안에서 살아가는 것처럼 보일지라도, 그가 끊임없이 돌아가는 곳은 바로 그의 마음속에 있는 고향이다."[3]

몰라서 그렇지 누구나 자신에게 친숙한 심리적 고향이 있다. 그걸 내면 풍경이라 한다. 심리적 고향은 초기 대상과 맺었던 관계에서 유래한다. 거대한 계곡, 맑은 우물, 사막, 따스한 봄날, 쓸쓸한 광야, 외딴섬, 잔잔한 바다, 거친 폭포, 푸른 들판, 꽃밭, 동굴, 눈부신 태양, 안개, 험산 준령, 북극이 될 수도 있다.

우리가 누군가를 만나는 건 자신의 심리적 고향으로 그를 초대하는 일이다. 심리적 고향은 사람의 숨결로, 목소리로, 감정으로, 서로에게 갈마들게 되어 있다. 칼 융에 따르면 두 성격의 만남은 화학물질의 접촉과 같아서 둘 다 변한다. 잔잔한 바다가 거친 폭포를 만나면 바다가 사납게 돌변하기도 하겠다. 수증기가 사막을 만나면 오아시스가 늘어날 것이다. 광야가 꽃밭을 만나면 파릇파릇 생기로 충만해질 것이다. 그/녀의 심리적 고향은 서로 마음의 결을 바꾸어주고 감정의 질감을 바꾸어준다.

그러나 꼭 기억해야 할 한 가지가 있다. 자신의 본적이 어두우면 어두운 사람에게 끌리기 쉽다는 거다. 건강한 사람과 만나 건강한 사랑을 하고 싶다면 먼저 본적을 바꿔야 하리라.

'환상P' 님은 만만치 않았던 상담의 끝자락에 이르자 자진해 자신의 어두운 심리적 본적을 옮기고 싶다고 했다. 끊임없이 되돌아가게 되는 그 익숙한 동굴을 박차고 나와 "당신을 만나 안고 안기는 것이 / 꽃이고 향기일 수 있는 / 나라가 있다면 / 지금 그리로 가고 싶어요"[4]라며.

환상fantasy을 즐기는 현실주의자가 되라

모르고 빠져드는 무의식적 환상이 있다면 알면서 빠지는 의식적 환상도 있다.

낙관적인 사람은 장미만 보고
가시를 보지 못하며
비관적인 사람은 장미는 보지 못하고
가시만 본다.[5]

현실에 지나치게 골몰하다 보면 가시만 보인다. 가시만 보면 염려가 많아지고 후회와 자책이 많아진다. 그래서 우울증에 걸리기 쉽다. 거꾸로 장미만 보면 병적 행복감에 젖어 무책임하게 살 수 있다. 앙리 베르그송Henri Bergson이 충고했다. 돈키호테처럼 하늘의 별만 응시한 채 달려가다가는 현실에 걸려 넘어질 수 있고, 땅만 보느라 고개를 너무 숙여도 현실에 걸려 넘어질 수 있다고. 그러므로 가시도 보고 장미도 보아야 한다고.

'환상F' 님에게 현실은 어쩌다 보이는 몇 개의 가시가 아니었다. 끝 모르는 가시밭길이었다. 아버지의 사업이 갑작스레 부도가 난 후 부모는 급히 잠적해버렸다. 마땅히 더부살이할 곳도 없었다. 마침 지역센터에서 운영하는 합숙소가 받아주어서 그곳에서 허드렛일을 도와주며 숙식을 해결했다. 현실이라는 가시가 아프게 찔러댔지만 그녀는 장미꽃에 한눈팔 줄도 알았다. 그게 현실에 쉽사리 희망을 뺏기지 않았던 이유다. 그녀는 꼬마 아이들을 위한 구연동화로 재능 기부도 하고, 무료 공연에 응모해 음악 샤워를 즐기기도 했다.

'환상F' 님은 그런 환상으로 행복의 씨앗을 뿌렸다. 그러니 기분이 좋아지고 기분이 좋아지니 현실의 신발을 더 질끈 동여맬 수 있었다. 기분 좋은 상태에 있어야 좋은 일도 하게 되는 거다.[6] 1년 전부터는 드라마 각본 쓰기에 도전했다. 아직 살아보진 않았어도 앞으로 살아가고 싶은 이야기를 쓰면서 더 행복해졌다. "지고한 행복은 그것을 획득하는 때보다 그것을 소망하는 때가 백배 더 달콤하다."[7] 소망을 충족시키는 꿈만 꾸어도 도파민이 분비되니까 달콤한 거다.[8] 그 도파민의 힘으로 '환상F'님은 현실에 압도당하지 않을 수 있었다. 어지간해서는 주눅 들지 않았고 금방 툭툭 털고 일어날 수 있었다. 그 당당함은 환상이 있었기에 가능한 거였다.

어디를 가든 '놀이공원'은 있다. 환상 없는 현실은 앙꼬 없는 찐빵이니까. 감옥에서 상상 체스를 즐긴 덕분에 그 지루한 수감 생활을 후딱 보냈다는 죄수도 있다. 그는 출소하자마자 세계적인 체스 선수로 이름을 날렸다고 한다. 하필이면 백화점이 붕괴되는 날 쇼핑을 하러 갔다 일주일 만에 극적으로 구조된 생존자 이야기도 있다. 레고를 무척 좋아했었는데 건물이 무너져 내릴 때 장난감 레고와 함께 매몰되었더란다. 그 레고 놀이 덕분에 끔찍한 시간을 버티고 기적같이 생존할 수 있었다고 한다.

현실의 압력에 지나치게 노출되면 정신이 병들게 되므로 가끔은 현실을 덮어두고 환상세계로 놀러가야 한다. 환상이라는 기름칠을 하면 현실이 훨씬 매끄럽게 잘 나갈 수 있기 때문이다.

쬐끔이
좋다

○

현실 도피제가 아니라 현실 촉진제일 때, 현실을 죽이는 마약류가 아니라 현실을 살리는 각성제일 때, 환상이 빛나는 거다. 햇빛만 계속 비치면 언젠가는 사막이 된다고 하지 않는가. 아쉬움이 묻어나는 '쬐끔'인 상태가 좋은 거다. 맘껏 실컷 하고 나면 더 허망해지고 권태로워질 뿐이다. 그게 중독의 기만적 모습이다. 달콤함이나 강렬함은 배부른 법이 없다. 좀 아쉬운 듯한 지점인 '요기까지만'이 오히려 갈증을 덜 느끼게 한다. 이러나저러나 늘 목마른 게 삶의 본색이라면 '쬐끔'을 선택하련다. '쬐끔'의 마음은 삶을 추동하지만 '끝없이'는 삶을 파탄시키니까. 그래서인가, 갈수록 "지나치게 행복하지 않으므로 행복하다"[9]라는 말이 참 찰지게 와닿는다.

문학치유 처방전

:환상

❨ 프랜시스 호지슨 버넷의 소설 《소공녀》를 읽으면서 '세라'가 고난의 현실에 대처하는 독특한 자세와 방법에 주목해보세요. 지금 '세라'와 같은 고난을 겪고 있다면, 불가항력적인 현실을 뚫고 나갈 수 있는 자신만의 환상 놀이를 탐구해보세요.

❩ 천양희의 시 〈교감〉과 황지우의 시 〈여기서 더 머물다 가고 싶다〉를 읽고, 여러분이 삶에서 경험했던 '환멸'과 '매혹'은 무엇이었는지 음미해보세요. 환멸과 매혹은 삶의 어쩔 수 없는 양면성입니다. 자신의 삶에서 그것들이 어떤 영향력을 끼치는지 알고 있어야 삶에서 실족하지 않을 수 있습니다.

❨ 시는 눈 깜짝할 새에 사막 같은 현실에 환상의 오아시스를 선사하는 환상꾼이요, 마술사입니다. 한 구절의 시가 가슴을 출렁이면 세상을 다 가진 것 같은 느낌, 문제가 작아진 느낌, 모태처럼 편안한 느낌들이 샘솟아 오릅니다. 시를 읽으며 이미지를 그려보는 연습을 해봅시다.

등을 쓸어주는
따뜻한 약손

: 공감

먼저 온 환자가 뒤에 온 환자를 돌보는 게 상담이란다.
먼저 고통을 지독히 앓아봤던 환자였기에
누구보다 아픔을 한 올 한 올 쓰다듬을 줄 알고
슬픔을 갈피갈피 어루만질 줄 아는 거다.

'경청'이라는 소염제가
필요한 시대

"누가 됐든 아들이 죽은 슬픔을 실컷 말하고 싶었는데…."

체감온도가 영하 25도는 되나 보다. 바람은 또 얼마나 매섭게 때리는지 귓등을 칼로 도려내는 듯했다. 길거리에 행인이라곤 눈을 씻고 봐도 없을 정도다. 이런 재난에 가까운 혹한에도 끄떡하지 않는 사람이 하나 있다. 3일 동안 '말픈' 님[1]은 쉬지 않고 외출했다. 게다가 3일 내내 내린 폭설로 얼음판이 된 다리 위로 오늘만 해도 벌써 여섯 번째 왕복 걷기 중이다. 저쯤 되면 저체온증에 걸리고도 남았으리라. 이 광경만으로도 무자비한 혹한보다 '말픈' 님의 슬픔이 훨씬 더 크고 강함을 알 수 있다. 무슨 일인지 엄청난 삶의 몰매를 맞았나 보다. 제정신에 저럴 수는 없다. 영원히 저럴 기세다.

그곳을 지나던 주민이 '말픈' 님을 수상히 여겨 경찰에 신고까지 했다. 듣고 보니 사정이 딱했다. 일주일 전에 난치병에 걸린 초등학생 아들이 죽었단다. 병원비만 있었어도 그리 아깝게 보내지 않았을 거라 했다. 죽은 아들이 물놀이를 워낙 좋아했던지라 유골을 언 강물에 뿌려주었다고 했다. '말픈' 님이 슬픔을 이겨낼 힘이 없어 보였는지 아슬아슬해 보였는지 담당 경찰이 고맙게도 복지 기관을 연결해주었다.

그렇게 상심해 있는 '말픈' 님이 상담실에 왔으니 아들이 죽어서 죽도록 힘들다고 해야 맞는 게 아닌가. 그런 예상을 깨고 그가 했던 첫마디는 슬픔을 말할 사람이 없어서 너무 고통스럽다는 거였다. 말이 하고프다. 그게 상담에 온 주된 호소 내용이었다. 남자 혼자 아들과 단둘이 살았으며 이 지경에도 딱히 신세타령할 데가 없다는 이력만으로도, 거칠고 굴곡지게 살아왔을 '말픈' 님의 삶이 가늠이 되고도 남는다. 굴곡진 삶의 이야기도 만만치 않을 테지만, 당장은 아들 잃은 슬픔을 열심히 들어주는 게 급해 보였다.

자세히 그리고 차근차근 아들이 태어났을 때부터 이야기하고 싶다고 했다. 얼마나 말을 하고팠는지 아들이 죽은 다음 날은 옆집 강아지를 붙들고 열심히 슬픔을 토로했다고 한다. "그래그래, 너는 아니… 내 아들은 이제 없어, 이 세상을 떠나버렸지, 허무하게 떠나버렸다고. 만일 말이다, 너에게 새끼가, 네가 낳은 새끼가 있다면 말이다, 그런데 갑자기 말이다, 그 새끼가 죽었다면 얼마나 괴롭겠니?" 강아지는 그 젖은 마음을 알기라도 한다는 듯이, 자리도 뜨지 않고 '말픈' 님의 손에 입김을 내뿜으며 열심히 이야기를 들어주었단다. 그는 상담사를 향해 인제야 말이 통하는 사람을 만났으니 살 것 같구만요, 한다. 얼마나 허리를 숙이며 고맙다고 하는지, 누가 봤으면 상담사가 죽은 아들을 다시 살려줬다고 착각할 정도였다.

　확실히 고통은 나누면 감소한다.[2] 슬픔, 분노, 미움과 같은 고통스러운 감정을 혼자 속에 담고 있으면 독이 된다. 화가 났을 때는 누가 됐든 열심히 맞장구만 쳐주어도 한결 가벼워진다. 누군가의 경청이 감정의 염증을 가라앉히는 소염제가 되기도 하기에.

　그런데 경청이 생각보다 쉽지 않다. 오죽하면 솔로몬 왕이 많고 많은 소원 중에 지혜를 간구했을까. 지혜는 히브리어로 경청을 뜻한다. 그가 백성들의 슬픔과 억울함과 분노의 응어리를 풀어줄 수 있었던 건 바로 경청의 힘이었다.

상담사야말로 지극정성으로 경청하는 사람들이다. 먼저 아파봤으니까 그게 가능하다. 먼저 온 환자가 뒤에 온 환자를 돌보는 게 상담이란다. 먼저 고통을 지독히 앓아봤던 환자였기에 누구보다 아픔을 한 올 한 올 쓰다듬을 줄 알고 슬픔을 갈피갈피 어루만질 줄 아는 거다.

뜨끈뜨끈한 아랫목을 내주는,   ○
공감

가족이라면 자신을 개방하고 자기의 감정을 있는 그대로 느끼며 그러한 감정을 나눠야 한다.[3] 이론으로는 그렇다. 하지만 현실은 야속하게도 이와 정반대다. 연인이나 배우자나 가족처럼 속속들이 아는 사이일수록 공감이 더 안 된다. 서로를 너무 잘 알다 보니 듣기도 전부터 판단이 먼저 앞서다. 친한 사람 누군가가 짜증 난다고 말문이라도 열려고 해볼라치면 "또 저런다", "맨날 저래", "한두 번도 아니고", "이제 그만해도 될 텐데", "지치지도 않나", "나이가 들어도 아직 저 모양이야", "지겨워"라며 헐뜯기 바쁘다. 공감 못 할 이유만도 만 가지가 넘으니까.

그러니 포기하라는 말이 아니다. 공감이야말로 우리의 상처, 슬픔, 아픔, 고통의 현을 시원하게 울려줄 중요한 심금이다. 공감의 심금이 울려야만 응어리진 마음을 스르르 녹아내리게 할 수 있다. 잘 아는 사이일수록 묘책이 필요하다. 들었던 이야기도 한 번도 들은 적 없는, 정말 생전 처음 듣는 이야기처럼 들으란다. 그리고 생전 처음 만나는 사람이 하는 이야기로 들으란다. 그래야 역지사지가 될 수 있단다.

그런데 자신에게 치명적 상처를 입힌 사람에겐 어찌해야 할까. 책에서 읽은 네 살짜리 꼬마 이야기가 떠오른다. 괴팍한 노인 옆집에 살면 아무래도 피곤해진다. 네 살짜리 꼬마가 마당에서 신나게 뛰어놀면 옆집 사는 괴팍한 노인의 심술도 덩달아 극성스러워진다. 애들이 놀다가 자기 집 나뭇가지나 화단을 살짝 건드리는 꼴조차도 못 보아 넘긴다. 그러던 어느 날이다. 옆집 할아버지가 안 되겠는지 특단의 조치를 취한다. 아이들의 출입을 금지한다는 표시로 담장에 철조망을 친 거다. 한동안은 조용한가 싶었다. 그것도 잠시, 대형 사건이 터지고 말았다. 꼬마는 조심한다고 조심했지만 꼬마가 애지중지 아끼던 고양이가 그만 옆집 담장을 넘어가고 만다. 그때 노인이 한 번만 더 그러면 쥐약을 먹여버리겠다고 노발대발했단다. 꼬마는 고양이가 죽을까 안절부절못하며 단속을 더 열심히 했다. 하지만 속 모르는 고양이는 철조망을 또 넘고야 만다. 보통은 죽여버리겠다고 협박해도 말로만 끝나는 게 인지상정인데, 불행히도 고양이는 죽어버렸다. 노인이 진짜로 쥐약을 먹인 거였다.[4]

네 살짜리 꼬마는 충격과 슬픔에 휩싸여 끼니도 거르고 밤낮으로 울기만 한다. 화가 치미는 가족은 밤낮으로 노인에게 복수할 궁리만 하며 지낸다. 그렇게 지옥 같은 일주일이 지났을까. 아들이 부모에게 이런 말을 건네더란다. "할아버지는 진짜 외로운 분일 거예요. 우리가 그분에게 생일 파티 같은 것을 해드렸으면 좋겠어요."

네 살짜리 아이의 입에서 나왔다고는 믿을 수 없는 말이었다. 꼬마는 할아버지로부터 받은 상처보다 할아버지의 괴팍함을 경청하고 공감했던 거였다. 자신이 그토록 애지중지하는 고양이를 죽인 괴팍한 노인에게 복수를 도모하기는커녕, 생일 케이크를 선물하고 파티를 열어주는 광경을 상상해보라. 옆집 할아버지는 처음엔 누굴 약 올리느냐 화를 냈을 테고 뚱한 표정이었겠지만, 아마 가슴 저 밑바닥에서는 한 뭉치 뜨거운 감정이 울컥 올라왔으리라. 그래요, 얼마나 외로웠으면 그랬겠어요. 손을 내밀어 곁을 내주는 공감은 겨울 한파를 헤치고 오느라 손발이 꽝꽝 언 손님에게 내주는 뜨거운 아랫목과 같다. 온기를 잃어가는 세상을 다시 데워주는 뜨거운 온돌방과 같다.

나 하나 꽃 피어

풀밭이 달라지겠느냐고

말하지 말아라

네가 꽃 피고 나도 꽃 피면

결국 풀밭이

온통 꽃밭이 되는 것 아니겠느냐

– 조동화, 〈나 하나 꽃 피어〉 중에서[5]

어떤 때는 별말도 아닌 공감의 말 한마디에 울컥 가슴이 멘다. "참 힘들었지요", "이 이야기만은 정말 하지 않으려고 했어요", "그동안 혼자 애썼어요", "이 말은 처음 하는 거예요", "오늘 이 이야기를 하게 될 줄 몰랐어요." 공감의 훈김을 주고받으면서 차가웠던 세상의 온도가 올라가는 거다.

감정도
소화시켜야 한다

○

말하지 않아서 그렇지, 우리도 알고 보면 속맘을 표현하고 싶어 몸살이 난 사람들이 아닌가. 그 속맘을 맘껏 들어줄 사람이 없으니 마음을 닫아버리게 된다. 정신병동에 입원했던 조시가 그랬다.[6] 자신의 귀에는 분명 라디오가 있는데 그걸 아무도 믿어주질 않는다. 자신보고 미쳤다고만 하지 진심으로 이야기를 들어줄 생각을 하는 사람이 단 한 명도 없으니 답답해서 미칠 지경이다.

자포자기에 빠져 있는 조시 앞에 의사 선생님 한 분이 기적처럼 다가온다. 살며시 다가오더니, 귓속말이다. 실은 자신의 귀에도 라디오가 있다고 말이다. 조시가 눈이 둥그레져서 소리를 지르려 했다. 의사 선생님은 쉿, 입을 막으면서 둘만의 비밀로 하잖다. 꽉 막혔던 가슴이 한 방의 공감으로 뻥 뚫리게 된다. 조시는 앙다문 입을 열고 그간 꽁꽁 숨겨왔던 속맘을 죄다 열기에 이른다. 그 결말은 예상대로다. 조시가 앓고 있었던 환청이 치료되어 퇴원했다는 이야기다.

묵힌 감정들일수록 독성이 강하다. 소화되지 않은 음식이 몸에 독이 되듯, 소화되지 못한 감정도 독소가 된다. 오래 묵힐 수밖에 없는, 혼자서 도저히 소화시킬 수 없는 어려운 감정이 있는 법이다. 시도 때도 없이 "죽고 싶어", "미워 죽겠어", "너무 싫어", "짜증 나", "미칠 것 같아"라는 말이 새어 나오는 것도 소화되지 않은 감정이 일으키는 트림이다. 감정에도 소화불량이 있다. 심해지면 생리 체계가 무너지고 병을 얻게 된다.[7]

마음이 아픈 사람에게 진단이나 판단의 잣대만을 앞세우다 보면 자칫 소금으로 상처를 문대는 일이 될 수도 있다. 고통의 신발을 한쪽씩 나누어 신고 몇십 리를 함께 걸어가는 것보다 뛰어난 치료제는 없다. 금강산도 식후경이고 상담도 식후경이다. 허기져서 아픈 마음은 공감으로 우선 두둑이 채워야 한다. 그래야 마음을 연다. 공감에 치유력이 있다면 그건 아마 굳게 닫힌 마음을 여는 능력이리라. 공감이 모든 문제를 해결하는 만병통치약은 아니지만, 진심 어린 공감은 더부룩한 감정을 쓸어내리고 혼란스러운 감정을 달래줄 수 있다. 그래서 갈등이나 고통을 견딜 만하도록 만들어준다.[8]

영화 〈워낭소리〉의 최 노인과 소의 관계가 떠오른다. 노인은 귀가 잘 안 들려도 40년을 함께한 소의 워낭소리는 귀신같이 알아듣는다. 평균수명을 훌쩍 넘긴 소 역시 주인의 고삐질에는 나뭇짐도 마다하지 않는다. 이런 마음이고 보면, 돌덩이같이 굳었던 마음이 어찌 녹아내리지 않겠는가. 공감은 몹쓸 감정들 때문에 얹혀 속앓이 중인 이들의 등을 안쓰럽다며 토닥여주고 쓸어주는 따스한 약손이다. 살아갈수록 경청, 공감, 그리고 역지사지易地思之, 이 말들이 참 좋다. 곱씹노라면 무척 온기가 느껴지는 말이다.

문학치유 처방전

:공감

◖ 어떤 이가 그랬습니다. 삶이 그대를 속여도 슬퍼하거나 노여워하지 말라고. 이 구절이 과연 옳을까요. 삶이 그대를, 그대가 삶을 속였는데 어찌 슬퍼하거나 노여워하지 말라는 건가요. 나쁜 감정은 억누르면 삶에 독이 됩니다. 그러니 혼자 삭히지 말고, 감정 표현을 시도하는 게 낫지 않을까요. 장석주의 시 〈한 여자에게서 꺼낸다〉를 읽어봅시다. 그리고 그동안 외면하고 살았던 일들을 떠오르는 대로 기록해보세요.

◖ 안톤 체호프의 〈애수〉를 읽고 실컷 표현하지 못한 채 뼛속 깊이 사무친 슬픔과 노여움은 없는지 귀를 기울여보세요. 그걸 서로 역지사지할 수 있는 사람들과 공감의 모닥불을 지피세요. 누군가 먼저 꺼내놓은 감정을 불씨 삼아 그 위에 또 다른 누군가가 꺼내놓은 감정의 장작개비를 얹고 그렇게 또 얹다 보면 공감의 불이 따뜻하게 타오르겠지요. 그렇게 서로 다독이다 보면 고아 같았던 마음이 든든해지고 어두웠던 마음이 환하게 밝아지겠지요.

웃음이라는
모르핀

: 유머

어떤 때는 유머가 허세처럼 느껴질 때도 있다.
"보아라, 이것이 그렇게 위험해 보이는 세계다.
그러나 애들 장난이지. 기껏해야 농담거리밖에는 안 되는 애들 장난이지."
유머는 어떤 상황에서도 주눅 들거나 기죽지 않게 하는
기막힌 배짱을 선사한다.

웃음이라는   ○
재채기

결혼 중매인이 젊은 남자의 불평에 맞서 자신이 소개한

여자를 변호한다. 그가 말한다.

"장모 될 사람이 마음에 들지 않아요. 심술궂고 둔하단

말이에요."

"그렇지만 장모랑 결혼하는 게 아니지 않소. 딸하고 결

혼하는 것이지."

"그렇지만 그 여자는 더 이상 젊지도 않고, 예쁘지도 않

아요."

"그건 문제가 안 돼요. 젊지도 아름답지도 않은 만큼 그

여자는 당신에게 더 충실할 테니까."

"돈도 별로 없어요."

"돈에 대해 말하다니? 도대체 돈하고 결혼하는 거요? 당신, 여자하고 결혼하려는 것 아니오?"

"그렇지만 그 여자는 등도 굽었어요."

"아니, 당신 뭘 원하는 거요? 그러면 그 여자가 아무런 결점도 없어야 한단 말이오?"

– 지크문트 프로이트, 《농담과 무의식의 관계》 중에서[1]

이번에 소개받은 여자가 마음에 영 들지 않았는지 맞선남이 투덜거린다. 예비 장모가 심술궂단다. 맞선녀는 예쁘지도 않은 데다 가난하단다. 그것도 모자라 등까지 굽었다고 볼멘소리다. 맞선남이 불평의 창으로 공격할 때마다 중매쟁이는 농담의 방패로 그 불평을 멋지게 막아낸다. 듣고 보니 그럼직하다. 맞선 남은 급기야 웃음을 터뜨린다. 그러곤 쓸데없는 노파심이었구나 싶어진다. 농담의 노림수에 제대로 먹혀든다.

맞선남이 염려하던 문제 중 실제로 바뀐 건 하나도 없다. 그럼에도 한결 마음이 가벼워지는 건 왜일까. 중매쟁이가 농담으로 노린 건 시선의 전환이었다. 어차피 그 맞선녀와 결혼해야 하는 운명이라면, 시선을 돌리고 웃게 만들어 염려를 연소시키고자 했던 거다. 웃음이 터지면 신기하게도 사고가 유연해진다. 웃으면 근육이 이완되며, 근육이 이완되면 생각도 말랑말랑해지기 때문이다. 웃음에는 불만스럽고 불합리해 보이는 현실과 기대치 사이의 불일치가 야기하는 분노와 혼란과 염려를 상쇄시켜주는 놀라운 능력이 있다.[2]

농담에 이렇게 신통방통한 재주가 있다니. 그래서인가. 사방이 꽉 막힐수록, 문제가 심각할수록 더 적극적으로 유머를 사용하고 싶어진다. 웃음에는 상한 마음을 치유하는 효험까지 있으니까.[3]

한 가족이 끊임없는 갈등 때문에 상담실을 찾았다. 의붓아버지와 딸이 항상 다투고, 엄마는 중간에 끼어 이러지도 저러지도 못하는 형편이었다. 둘은 그녀를 자기편으로 만들려고 애썼고 그녀는 평화가 유지되기를 원했다. 상담자의 제안은 희한한 것이었다. 다시 싸움이 되풀이되면 엄마가 둘을 마당으로 데려가서 각자에게 물총을 주는 것이다. 서부활극의 결투처럼 그 둘은 뒤돌아서서 그녀가 다섯을 셀 때까지 걸어간 다음 돌아서서 물이 다

소모될 때까지 물총을 쏘는 것이다. 엄마는 이 결투에서 누가 승자인지를 결정한다. 상상해보자. 상당한 웃음이 뒤따르고 분노는 내려가고 해결될 수 있다.[4]

이런 참신한 방법이 있었다니. 저리 시도한다면야 해결되지 않을 갈등이 없겠다. 불화나 갈등은 웃음 앞에서 맥을 못 추게 되어 있다. 발톱 빠진 사자가 되는 거다. 심각하게 대응해야 하는 경우도 있긴 하지만, 문제를 너무 심각하게 풀려고 하면 점점 심각해진다. 이럴 때 웃음이라는 재채기를 사용해야 한다. 웃음이 터짐과 동시에 꽉 막힌 문제도 뻥 뚫리니, 이런 묘약이 있을까.

빅터 프랭클Viktor Frankl이 그 산증인이다. 정신과 의사로 승승장구하던 그에게 유대인 수용소 생활은 참담하기 그지없었던 일이다. 사회적 지위가 있었던 사람일수록 수용소 생활은 더 수치스럽고 더 가혹했으리라. 그 자체가 형편없는 계층으로 추락한 걸 의미했으니까. 그러니 가난한 하층민으로 별 볼일 없이 살다가 수용소에서 어쩌다 권력을 쥐게 된 카포(유대인 수감자 중 뽑힌 자)들의 횡포가 얼마나 같잖게 보였겠는가. 그 불편한 심기를 프랭클은 웃음의 재채기로 시원하게 날려버렸다고 한다.

"상상해봐, 내가 알고 있기로 저 사람은 그전에 큰 은행의 총재에 불과했거든. 그런데 지금 저렇게 높은 자리에 올라가 있으니 얼마나 출세한 거야." 반어법을 이용한 농담으로 한바탕 웃어버리면 그나마 살 만해졌단다.

프랭클에게 유머는 일상이 심심하고 싱거워서 뿌리는 양념 따위가 아니었다. 절실한 삶의 기술이었다. 답답하고 고통스러운 현실에서 살아남을 수 있는 생존 기제였다.

몇 년 동안 나치를 피해 숨은 은신처에서 살았던 열세 살 소녀 안네는 일기를 쓰면서 시시때때로 들리는 폭격 소리의 위협과 언제 발각될지 모르는 불안을 다독일 수 있었다. 그런 그녀에게도 농담은 고통을 가라앉히는 진통제로 자주 애용되었다.

무서운 상념을 지워버리려고 농담을 하거나 서로 웃기곤 해. 우리가 우울한 기분에 빠져 있다고 해서 이로울 것도 없고, 불안에 처한 사람들을 도울 수 있는 것도 아니잖아. 우리의 은신처를 우울한 은신처로 만들 필요가 있을까? 그럼 종일 울고 있어야 옳을까? 아니, 나는 절대로 그럴 수 없어.

— 안네 프랑크, 《안네의 일기》 중에서[5]

안네는 고난을 지날 때 우울한 기분은 하나도 도움이 되지 않음을 터득했다. 농담하면서 웃고 떠들다 보니 감쪽같이 불쾌한 감정이 연소되는 걸, 통증이 잦아드는 걸 몸소 체험했다. 그러니 농담하는 횟수가 늘고 농담의 기술이 느는 게 당연했다.

월요일에 교수형을 받기로 되어 있는 강도가 교수대로 향하면서 유머를 날린다. "일주일이 참 보기 좋게 시작되는군." 또 다른 사형수는 교도관이 마지막으로 담배를 권하자 "지금 저는 금연 중입니다"라고 농담을 던진다. 우와, 죽음을 앞두고 저런 여유를 부리다니 사형수들에게는 특유의 배짱이 있나 보다, 이렇게 생각한다면 오산이다. 죽음은 두려워 죽겠고, 그럼 어쩌겠는가. 농담이라도 해야지 않겠는가. 사형장과 관련된 유머가 제법 많은 건 심리적 통증을 줄여주는 데 유머만 한 천연 진통제가 없음을 잘 보여주는 방증이 아닐까.

농담,   ○
문제를 걷어차는 하이킥

어떤 때는 유머가 허세처럼 느껴질 때도 있다. 이렇게 말이다. "보아라, 이것이 그렇게 위험해 보이는 세계다. 그러나 애들 장난이지. 기껏해야 농담거리밖에는 안 되는 애들 장난이지."[6] 유머는 어떤 상황에서도 주눅 들거나 기죽지 않게 하는 기막힌 배짱을 선사한다. 그러니 머릿속이 복잡할수록, 일이 안 풀릴수록, 사방이 막힐수록, 유머의 하이킥을 시원하게 날려보시라.

〈봄봄〉과 〈동백꽃〉을 쓴 소설가 김유정은 왠지 우울했던 듯 보인다. 그는 실제로 말을 심하게 더듬었고, 사람 만나기를 꺼리는 염인증까지 앓았단다. 그러니 소설에 사용된 해학과 웃음은 문학적 수사법이자 방어기제였으리라. 자신의 고통을 연소시켜줄 무기로 사용된 방어기제. 유머는 억압된 느낌이나 욕구를 뚫어주는 굴뚝이며, 찌꺼기처럼 끼어 있는 감정을 씻어주는 착한 방어기제이다.[7]

그래서 유머를 사용하는 자나 그걸 듣는 자나 불쾌해지지 않은 거다. 심리학에서 말하는 방어기제가 무조건 나쁜 건 아니다. 유머 같은 방어기제는 잘만 쓰면 삶에 명약이 되기도 한다. 나이가 들수록, 삶이 고통스럽다 할지라도, 그렇다고 안 웃으면 어쩔 건데라고 되뇌게 된다.

친구에게 "군대 생각보다 좋지?" 한다.

그랬더니 친구가 웃으면서 대답했다.

"그럼, 좋지. 밥 나오지. 돈 나오지. 옷까지 나오지.

게다가 못 나오지.

그러니 좋을 수밖에."

어느 학생이 이 시를 읊자마자 강의실이 웃음바다가 되었다. 유머라는 하이킥을 날린 거다. 군대에서 나오는 건 다 좋을 줄 알았는데, '못'을 연결하는 이 발칙한 상상력 앞에서 어찌 웃지 않을 수 있을까. 이 유머가 군대를 면제시켜주지는 않지만 입대를 앞둔 이들이 겪는 불안의 질량을 잠시 줄여줄 수는 있다. 함께 하나가 되어 웃다 보면 잠시나마 무거운 마음이 연소된다.

"왜 하필 물가가 제일 비싼 시기에 명절을 만들어서 우리 같은 서민들을 비참하게 만드는 걸까." 인터넷에서 우연히 본 우스갯소리다. 웃픈 농담이다. 허나 이렇게 유머의 하이킥을 날리면 한결 기분이 좋아지는 건 사실이다.

그래서 프로이트는 농담을 카타르시스에 사용할 것을 권했다. "그 여자는 여러 측면에서 미로의 비너스와 닮았지. 아주 늙은 데다, 이빨도 전혀 없고, 누런 몸 거죽에 군데군데 흰 반점이 있다는 점에서 말이야."[8] 웃음이 터지면서 불쾌함은 사그라들고 외모에 대한 스트레스는 어디론가 증발해버린다. 생뚱맞은 농담 한 소절에 감당할 수 없었던 문제가 별거 아니게 느껴진다. 그러니 자신을 옭아매고 압박하는 삶의 방해꾼들을 유머라는 하이킥을 이용해 멋지게 날려버리고 싶지 않은가.

게다가 웃음은 운동 효과까지 덤으로 준다. 웃음은 호흡, 동맥, 근육, 신경까지 전신운동을 유도하기 때문이다. 폐는 거대한 양의 공기를 토해내고, 심장은 빠르게 박동하며, 오장육부는 이로운 마사지를 받게 된다. 얼굴은 홍조를 띠고 괄약근은 느슨해진다. 그뿐만 아니라 지적 능력을 강화해주는 카테콜아민, 각성을 조절해주는 노라드레날린, 기분을 좋게 하는 엔도르핀과 세로토닌이 분비되면서 쾌감은 최고조에 달하게 된다.[9]

지옥에서 언어를 검열한다면 유머라는 수사법이 1순위가 될 듯하다. 삭막한 삶을 말랑말랑하게 만드는 연금술사가 유머이기에. 웃음은 사막을 오아시스로 바꾸어주는 감정의 꽃이기에. 그런데 유머도 방치하면 녹슬고 만다. 농담도 연습해야 하고, 아무 농담에 뻥뻥 웃음을 터뜨리는 것도 연습해야 한다.

"이 마을 사람들은 화산을 하나 가지고 있었는데 그게 꺼져가는 것을 그대로 방치해둔 모양이야!" 공디네의 작품 〈화산〉에 등장하는 어떤 인물이 사화산이 있는 마을에 가서 했던 말이다.[10] 우스갯소리 한다고 환영받으면 받았지, 미움받는 걸 본 적이 없다. "애야, 증권 거래는 아주 위험하단다. 하루 벌면 그다음 날은 잃게 마련이야." "그러면, 이틀에 한 번씩 하죠, 뭐." 정말 쓸데없어 보이는 우스갯소리 한 줄이 건조하고 팍팍한 일상에 얼마나 큰 활력소가 되는지 모른다. 아무리 허접해 보이는 농담이라도 안 하니만 못한 게 아니라, 하니만 못한 거다.

그러니 다른 방어기제는 몰라도 유머만큼은 열심히 배우고 연습하라고 권하고 싶다. 마음의 통증에 이만한 천연 진통제가 없으므로. 이게 웃으면 받는 복이다. 한동안 뜸했던 인터넷 유머 사이트에라도 다시 들락거려야겠다. 언제 어느 곳에서라도 써먹을 수 있는 유머를 두둑이 비축해두기 위해서.

문학치유 처방전
: 유머

❪ 유머를 수집하고 비축해두었다가 유머 약통을 활용해보세요. 어떤 의사는 류머티즘 관절염을 앓는 환자들에게 유머 약통을 처방해주곤 한답니다. 유머 글귀가 적힌 종이를 돌돌 말아 넣은 약통. 하루에 세 번씩 유머 약을 먹고는 박장대소하는 겁니다. 그렇게 6개월을 하면 놀라울 정도로 통증이 줄고, 손가락과 발가락 마디의 붓기가 많이 빠진다고 합니다.

❫ 크게 웃으면 부교감 신경이 활성화되어 근육이 이완되고, 심장박동이 진정되고, 혈압이 내려가고, 내장에 이로운 마사지가 된답니다.
억지로라도 웃어보세요. 가짜로 웃어도 효과는 같다고 합니다. 뇌가 진짜 웃는다고 속기 때문이지요. 아재 개그라고 비웃지 마시고, 별로 웃기지 않아도 웃으십시오. 헤프다고 할 만큼 웃으세요. 웃으면 화색이 돌고 혈액순환이 좋아지고, 건강이 좋아지면 좋은 생각을 하게 되겠지요.

진실로 이끄는
안내자

: 꿈

비밀은 발각이 전제될 때만 몸값이 올라가는 법이다.
특히 건강한 삶을 위해 꿈은 발각되어야 할 사명이 있다.
꿈의 전사들은 오로지 그 사명 하나로 의식의 최전방을 뚫고
침투하는 데 성공하는 거다.

꿈,
진실의 마중물이 되어

"행복해요. 그런데 늘 속이 답답해요."

'천진난만' 님은 상담실에 들어오자마자 꿈 일지를 꺼내느라 바쁘다. 꿈꾸는 재미가 이리 쏠쏠할 줄 몰랐단다. 처음 꿈을 가져왔을 때랑 완전히 달라졌다. 상담 초반만 해도 꿈이 별거 있느냐며 시큰둥했었다. 하긴 뒤죽박죽 띄엄띄엄 들쭉날쭉 오락가락하는 게 꿈이니 그리 반응할 만도 하다. 언뜻 봐서는 헛소리 그 이하도 이상도 아니니 말이다.

꿈의 메시지를 알고 싶으면 꿈에 등장한 사람이 누구인지, 자신은 뭘 하고 있는지, 어떤 느낌인지 등등 연상의 꼬리를 물어야 한다. 그러면 꿈도 마지못해 정체를 드러내준다. 조각난 퍼즐이 맞춰지고 숨은 그림이 찾아지면 내담자들이 한결같이 보이는 반응들이 있다. "너무 놀라워요", "세상에나 신기해요", "아하, 그랬군요", "그런 깊은 뜻이 있었다니", "맞아요, 개꿈이라고 시답잖게 여겼는데 나도 모르는 내 마음을 저리 잘 꿰뚫고 있다니요." 다들 의외라는 표정을 짓는다.

지난 몇 달 동안 '천진난만' 님은 몇 년 치나 되는 꿈을 봇물 터트리듯 했다. 그렇게 꿈과 가까이 접속하면서 그간 모르고 지내왔던 무의식의 맨얼굴을 마주할 수 있었다. 그때마다 흥분해서 "점쟁이 같아요. 진짜 점쟁이예요"라며 감탄사를 연발 쏘아올렸다. 상담사는 졸지에 점. 쟁. 이가 된다.

'천진난만' 님이 꾼 꿈 한 편만 소개해볼까 한다. 무질서하게 배열된 꿈의 순서를 시간 순서에 맞게 다듬었다.

길을 가는데 누가 뭘 파는 거예요. 상자에 담겨 있는 걸
보았더니 새끼 돼지더라고요. 서류 봉투 하나에 돼지 한
마리씩 담겨 있어요. 그 서류 봉투들이 일렬로 가지런히
정리되어 있고요. 돼지들의 몸이 서류 봉투에 들어갈 정

도로 아주 얇게 접혀 있었어요.

상자, 서류 봉투, 가지런함, 얇은 돼지 등을 연결시켜 연상하던 끝에 서류 봉투 안에 얇게 접혀 차곡차곡 들어가 있는 돼지가 너무 답답하게 느껴진다고 했다. 그리고 이런저런 연상을 더 하더니 그 돼지가 왠지 자신인 것 같다고 하는 거다.

'천진난만' 님은 부정적 감정에 접촉할 힘이 없었다. 그게 가족이든 연인이든 친구든 사소한 불화나 갈등을 견딜 수가 없었기 때문이란다. 본인에게 전혀 잘못이 없을 때도 먼저 손을 내밀어야 두 다리 뻗고 잠을 청할 수 있었다. 그래서 좋은 게 좋은 거라 참고 살았던 거다. 화내고 미워하는 감정을 감당할 수 없으니 아예 차단하고 살았다. 그래서였다. 화나는 이야기를 할 때도 전혀 화난 사람같이 느껴지지 않았고, 불쾌한 이야기를 해도 그리 불쾌해 보이지 않았다.

'천진난만' 님에게 돼지꿈은 복권을 사라는 예지몽이 아니었다. 이렇게 사는 게 답답하지 않느냐고, 너 자신이 불쌍하지 않느냐고, 더 이상 이렇게 살고 싶지 않다고, 자신이 자신에게 보내는 응급 메시지였다. 순간 '천진난만' 님이 그동안 자주 뱉었던 답. 답. 하단 말이 이 꿈과 포개졌다. 너무 오래 하고 싶은 말이 있었는데도 꾹꾹 참으면서 살았으니 돼지처럼 서류 봉투에 얇게 접혀 있다고 느낀 게 당연하다. 그제서야 답. 답. 한 정도가 저 정도였구나 그 정체를 대면할 수 있었다. '천진난만' 님은 꿈의 안내자를 따라 꽁꽁 가둬둔 자기 무의식의 진심과 만날 수 있었다. 돼지꿈을 꾼 이후, "맞아요, 나는 답답해요, 불쌍해요"라며 백기를 들게 되었다.[1]

꿈은 '무의식에 이르는 왕도'다.[2] 실수와 농담과 함께 꿈은 무의식의 대표적 메신저이다. 의식의 검열을 피해 어떻게든 의식과의 접촉을 시도하는 꿈의 결연한 의지에 찬사를 보내고 싶다. 꿈은 의식에 닿기 위해 바보인 척 개꿈으로 위장 변신한다. 과장하고 왜곡한다. 버릴 게 없다. 거기엔 결정적인 단서들이 수두룩하게 포진되어 있으니까.

'천진난만' 님은 무의식의 머리채를 잡아 끄집어내고 싶다고도 했다. 그 말끝에 한참을 같이 웃었던 기억이 난다. 이런 몇 단계의 통찰을 거치고 나서 눈에 띄는 변화가 있었다. 이제 화가 나면 화낼 줄도 알게 되고, 싫으면 싫다고도 표현할 수 있고, 제법 따지기도 잘하게 되었다. 이 사람이 그 사람 맞나 싶게 딴판이 되었다.

믿기 어렵겠지만, 나중에는 화를 내는 일이며 싫다고 거절하는 일에 재미를 느끼기까지 했다. 화내고 거절하는 일이 마치 취미라도 된다는 듯이. 그러더니 답답하네, 불쌍하네, 하는 말은 어디론가 사라져버렸다. 나중엔 반문하기까지 했다. 옛날에 자기가 정말 저렇게 답답하게 살았느냐고, 바보 아니냐고, 믿어지지 않는다고.

꿈은 거짓말을 못 한다. 정신분석학에서 꿈은 무의식에서 진실을 길어 올리는 작가로 유명하다. 정신분석학자 윌프레드 비온은 "꿈꾸기는 기록된 허구적 진실"[3]이라고도 했다. 꿈은 확실히 진실의 선동자가 맞다.

발각되려고 ○
몸부림치는, 꿈

건장한 몸집에 수심이 가득한 낯빛으로 '악몽' 님이 상담실에 들어섰다. 가위에 눌리는 꿈을 오래전부터 꾸었다고 했다. 살려달라고 소리치려고 발버둥 치면 칠수록 숨이 더 막히고 죽을 것 같아서 잠들기가 두렵다고 털어놓았다.

어떤 여자와 침대에 함께 누워 있는 꿈이었어요. 다툼이 있었죠. 아마도 이불을 서로 끌어당기려 했던 것 같기도 하고. 아무튼 잠시 후 내가 이불에 꽁꽁 묶여 있더군요. 하도 단단히 묶여서 움직일 수도 없었고 질식할 것만 같았죠.[4]

최근에 새로 사귀게 된 여자 친구와 특별히 다툰 일은 없었다고 했다. 이러쿵저러쿵 이야기를 나눈 끝에 흥미로운 단서를 하나 찾았다. 그전에도 이런 악몽을 꾼 적이 있는데, 생각해보니 그때마다 새 여자 친구를 사귀기 시작할 무렵이었던 것 같단다. 꿈에서 깼는데 으슬으슬 오한이 몰려왔다고 했다. 이불을 덮고 있었지만 식은땀에 젖어 몸은 싸늘해져 있었다고 했다. 그렇게 연상하던 끝에, 꿈속의 여자는 성적 매력으로 넘쳤으나 저승사자처럼 차가웠다고 했다. 그 여자에게 매혹되면 될수록 질식할 것 같았다고 했다. 꿈속 여자는 새로 생긴 여자 친구가 맞는 듯하다고.

여자 친구는 왜 '악몽' 님에게 죽음을 환기하는 존재로 등장했을까. 알고 봤더니 '악몽' 님은 사는 게 싫증 나고 환멸을 느낄 때 여자에게로 도피했던 것 같다고 했다. 그를 사랑하도록 이끄는 동력이 어처구니없게도 삶의 증오에 뿌리를 두고 있었다니. 그에게 사랑은 양면적이었다. 죽음을 불사하면서도 불 속으로 뛰어드는 나방처럼 그가 사랑에 빠지는 시점과 마음이 황폐해지는 시점이 겹쳤다. 그러니 사랑할수록 죽음에 대한 두려움이 몰려왔다. 사랑하는 여인은 저승사자가 되는 거였다.

사람은 외로워서 공허해서 침울해서 술에 빠지고 마약에 빠지고 성性에 빠지고 도박에 빠진다. 삶의 고통을 잊으려고 잘못 들어서는 길이 '중독'이다. 사랑 중독에 빠진 남자와 건강하게 연애를 한다는 건 불가능한 일이다. 그래서 꿈은 다급하게 경고를 보내고 있는 거였다. 너는 지금 연애를 할 때가 아니라고, 먼저 삶과 하루라도 빨리 화해하라고, 사랑은 그런 후에 해야 한다고.

꿈은 밤마다 의식의 국경을 넘어오려고 특수작전을 펼친다. 왜 그럴까. 장 그르니에가 그 답을 찾았다. 비밀은 온 힘을 다해 발각되려고 몸부림치는 경향이 있어서다. 이게 비밀의 역설이다. 비밀은 발각이 전제될 때만 몸값이 올라가는 법이다. 특히 건강한 삶을 위해 꿈은 발각되어야 할 사명이 있다. 꿈의 전사들은 오로지 그 사명 하나로 의식의 최전방을 뚫고 침투하는 데 성공하는 거다.

꿈에서   ○
깨고 싶지 않은 이유

어느 깊은 가을밤 잠에서 깨어난 제자가

울고 있었다.

그 모습을 본 스승이 기이하게 여겨

제자에게 물었다.

"무서운 꿈을 꾸었느냐?"

"아닙니다"

"슬픈 꿈을 꾸었느냐?"

"아닙니다. 달콤한 꿈을 꾸었습니다"

"그런데 왜 그리 슬피 우느냐?"

제자는

흐르는 눈물을 닦아내며 나지막이 말했다.

"그 꿈은 이루어질 수 없기 때문입니다."

– 영화 〈달콤한 인생〉 중에서[5]

동자승이 무슨 꿈을 꾸었을까. 상상해보건대 동자승은 집 떠나온 지 몇 년째 엄마를 못 만났을 거다. 사무치게 그리운 엄마 손을 꼭 붙잡고 꽃동산을 뛰노는 꿈을 꾸지 않으면 도리어 이상한 거다. 그 꿈을 꿀 때마다 어찌 달콤하고 행복하지 않았으랴. 그러다 눈을 뜨니 야속하게도 꿈이 아니던가. 한동안 잘 참아왔던 엄마가 그리워 울음이 복받친다. 그 달콤한 꿈은 꿈일 뿐이라는, 이루어질 수 없는 현실이 어찌 환멸스럽지 않겠는가. 엉엉 울어대는 바람에 고요했던 산사가 아수라장이 되었으리라.

자신의 간절한 소망을 담고 있는 꿈을 프로이트는 소망 충족의 꿈이라 했다.[6] 황진이도 현실에서 사랑하는 임을 만날 수 없으니, 꿈길밖에 길이 없어 꿈길로 간다고 읊조렸다. 꿈은 참 고맙다. 현실에서 불가능한 일을 잠깐 시식이라도 하게 해주니 말이다. 우리가 가끔은 꿈속에서 깨고 싶지 않은 이유다.

이제 말하기 시작한 두 살 아이들도 자신이 꾼 꿈을 이야기한단다.[7] 기억이 안 나는 것일 뿐 모든 사람이 꿈을 꾼다. 적게 꾸느냐 많이 꾸느냐 그 차이만 있는 거다. 고맙게도 꿈은 원하는 자에게 쉽게 시민권을 발급해준다. 꿈의 소리에 귀 기울이기로 마음만 먹으면 신기하게도 더 많은 꿈을 기록할 수 있다. 지표수보다 심층수의 물맛이 더 좋듯이, 마음의 심층수인 꿈도 그 맛을 알면 빠져들게 되어 있다. 그래서 그 심층수를 맛본 자는 자다가 꿈을 꾸는 게 아니라 꿈을 꾸려고 일부러 잠에 든다.

그러면 꿈은 기다렸다는 듯이 진실의 안내자가 되어 꿈 주인이 몰랐던 진실에 이르도록 친절하고 자상하게 데려다준다. 자신이 왜 그러는지, 자신이 진정 원하는 게 무엇인지, 무엇을 그만두어야 행복할 수 있는지, 고맙게도 그 철통같은 비밀의 문을 열어줄 것이다.[8]

문학치유 처방전

: 꿈

◀ 칼 융은 자신의 꿈을 만 개 이상 분석해서 꿈의 대가가 되었습니다. 꿈과 진심으로 접속하고 싶은 분들은 머리맡에 종이와 연필을 준비하세요. 그리고 아침에 눈을 뜨자마자 (의식과 접촉하기 전에) 1분만이라도 꿈을 떠올려보세요. 떠오르는 대로 꿈을 종이에 얼른 적으십시오. 혹시 바쁘신 분들은, 꿈에 등장한 인물, 사건, 소품 등 핵심 단어 몇 개만 일단 적어두세요. 그 열쇳말로 꿈에 접속할 수 있습니다.

◀ 똑같은 내용의 꿈이라도 누가 꾸었느냐에 따라 전혀 다른 의미를 지닙니다. 꿈에 등장한 사람에게 어떤 감정을 느끼는지, 특정 장소가 일으키는 감정은 무엇인지 자신에게 물어보세요. 자신을 때린 사람에게나, 울고 있는 자신에게 말을 걸어보세요. 이래저래 느끼고 연상을 하다 보면 다채로운 메시지가 나타납니다.

어떤 때는 꿈이 충고를 건네기도 하고 미처 모르는 내 마음의 엑스레이를 찍어주기도 하고, 미래를 예견해주기도 한답니다. 꿈은 삶의 고마운 메신저입니다. 꿈의 메시지만 잘 들어도 삶의 지혜를 얻을 수 있습니다.

모호하니까,
삶이다

: 통합

몽땅 좋거나 몽땅 나쁜 것만 있는 세상은 없다.
화가 나서 자신을 독살하려는 마녀처럼 느껴져도 내 엄마인 거고,
결혼하고픈 아름다운 공주로 느껴져도 내 엄마인 거다.

약점을 가리려는 게,
최대 약점

○

　'풀' 님은 덩치가 크고 힘세 보이는 남자를 만난 날이면 녹초
가 된다. 곰곰이 생각해보니 초등학교 때부터다. 힘센 남자애
들 앞에만 서면 납작해졌다. 왜 그랬을까. 작은 키에 호리호리
한 외모가 열등감을 느끼게 했다. 자신이 약골임을 인정하고 싶
지 않았다. 중요한 회의가 있거나 상사를 만날 때나 기골이 장
대한 처가댁 식구들 모임에 갈 때면 이상하게 경쟁심이 발동한
다. 말이든, 월급이든, 능력이든, 지식이든 이겨야만 한다. 그것
도 잘 안 되면 억지로 헐뜯거나 깎아내릴 궁리만 한다. 주눅이
드는 만큼 투견이 되어 물어뜯는다. 그놈의 작은 덩치를 가리는

데 온 생을 다 바친다.

별일도 아닌 사소한 이야기를 하다가도 어느새 언쟁으로 번지고 산통을 깨기 일쑤여서 그의 아내는 부부 동반을 포기한 지 오래다. 사석이든 공석이든 누구든 이겨야 하고 최고가 되어야 직성이 풀렸으니, 사람들은 그가 앉은 자리에 풀도 안 난다고 뒷말을 할 정도다. '풀' 님은 왜소한 신체는 나쁜 것이라는 무의식이 자신을 투견으로 만들고 있음을 몰랐던 거다. 그렇게 애면글면 안달복달 40년 넘게 살았다. 만성피로로, 급성 위궤양으로, 장염으로, 응급실에 드나드는 횟수가 늘어났다.

일반 응급실로 안 된다 싶었는지 색다른 응급실을 찾아낸다. 바로 상담실이다. 어떤 분들은 동네 병원 들르듯 상담실에 부담 없이 오기도 하지만, 어떤 분들은 초주검 상태가 되었을 때야 응급실 찾듯 상담실에 오기도 한다. 응급처치가 이루어지고 마음이 조금 진정된 어느 날이었다. '풀' 님에게, 김수영의 시 〈풀〉을 내밀었다. 주섬주섬 읽더니 한참 말이 없다. 잠시 상담실에 긴장감이 맴돌았다.

싸늘한 공기를 뚫고 드디어 더듬더듬 말을 꺼낸다. 싸우려 들지 않아서 얼마나 다행이었는지 모른다. 그니까 제. 가. 풀. 이. 라는 거죠. 마치 패잔병이 투항한다는 느낌이 들었다. "풀이 눕는다 / 바람보다도 더 빨리 눕는다 / 바람보다도 더 빨리 울고 / 바람보다 먼저 일어난다"[1]라는 부분이 특히 와닿는다고 했다. 머리로는 자신이 왜소한 체구인 걸 알면서도 가슴으론 그걸 거부하며 살았노라고. 그 왜소함을 어떻게든 감추느라 타고난 자신의 강점들을 제대로 발휘할 여유가 없었노라고. 이제야 정신이 번쩍 난다고. 그동안 자신이 왜 그렇게 으르렁거리면서 투견으로 살았는지, 알겠다고 했다.

그렇게 또 한참이 지나고 나서 '풀' 님에게 《어린 왕자》의 한 대목을 내밀었다. 어린 왕자가 꽃의 연약함을 두고 걱정하는 부분이다. 어린 왕자가 꽃 걱정을 하는데 꽃은 정작 담담하게 반응하는 거다. 커다란 짐승은 두렵지 않다고, 내겐 가시가 있지 않느냐고. '풀' 님은 이젠 상담사의 속을 꿰뚫고 있다는 눈치다. 읽자마자 망설임도 없다. 제가 장미라는 거죠. 덩치 큰 남자들이 짐승이고요. 그러고는 이제야 처음 알았다는 듯이 자신에게도 짐승이 가지지 못한 가시가 있는데 그걸 못 보고 살았다고 했다.

그제야 상담사도 고백했다. 진작 알고 있었어요. '풀' 님에게 남들에게 없는 어마어마한 재능이 많다는 걸요. 이제 '풀' 님이 화답할 차례였다. 자신의 결함을 인정하는 꽃이 대견스럽고 닮고 싶다고 했다. 그래요, 내 몸은 아주 작아요. 그건 내가 인정할게요.

근데 몸이 작은 대신 내겐 강력한 가시가 있어요. 덩치가 작은 게 썩 마음에 안 들지만 그것도 내 일부분이니까요. 왜소함도 나름 괜찮아 보여요. 사실 그걸로 이득을 본 적도 있노라고 했다.

'풀' 님이 머리가 아니라 가슴으로 느끼는 걸 보니, 희망이 보였다. 머리로 아는 것과 가슴으로 아는 것은 하늘과 땅 차이다. 상담사는 안다. 그/녀가 머리로 아는지 가슴으로 아는지. 말에도 촉감이 있다. 머리로 알게 된 걸 말할 때 그 말엔 물기가 없다. 그런데 가슴으로 알게 된 걸 말할 때 그 말에선 촉촉함이 느껴진다. 그 촉촉함은 그/녀의 삶에 곧 혁명이 일어나리라는 좋은 징조다. '풀' 님도 혁명가가 되어 응급실인 상담실을 아주 떠났다.

그렇다. 좋은 게 좋은 것만도 나쁜 게 나쁜 것만도 아니다. 이건 전적으로 좋고 저건 전적으로 나쁘다고 분열의 말뚝을 박고 살면 삶은 점점 더 어렵고 까다로워질 뿐이다.

몽땅 좋은 것도 없고
몽땅 나쁜 것도 없다

○

나는 야심작을 어른들에게 보여주고 그 그림이 무섭지

않은지 물어보았다.

그들은 "모자가 왜 무섭지?"라고 물었다.

내 그림은 모자를 그린 것이 아니었다. 그것은 코끼리를
소화시키고 있는 보아 뱀을 그린 것이었다. 그래서 나는
어른들이 이해할 수 있도록 보아 뱀의 배 속을 그렸다.

어른들은 겉이건 속이건 간에 보아 뱀 그림 따위는 그만
두라고 충고했다.

– 생텍쥐페리, 《어린 왕자》 중에서[2]

한때 초등학생이 쓴 '잔혹 동시'로 시끄러웠던 적이 있다. 잔
혹 동시집은 즉각적으로 전량 폐기되었다. 그때 코끼리를 소화
시키는 보아 뱀 그림을 그리지 말라고 충고하는 어른들이 떠올
랐다. 잔혹 동시를 보고 충격을 받은 어른들이, 순수하다고 믿었
던 아이들에게 발등을 찍혀서 그런 건지, 아이들은 순수해야 한
다고 무언으로 압박하려 했던 건지 헷갈렸다. 어느 순간 심증이
굳어지긴 했다. 아하, 아이들에게서 보기 싫은 감정의 불순물을
어른들이 견뎌낼 자신이 없기 때문이로구나.

아이가 울 수도 있지, 울음이 터지기라도 할라치면 막무가내
로 막아서는 말이 있다. "뚝", "그만", "사내가 울면 쓰나", "여자

애라 빽 하면 울어"라며 볼썽사납다고 슬픔을 추방한다. 프로이트 식으로 표현하면 생매장하는 거다. 화도 마찬가지다. 아이들이라고 억울한 일이 없을쏘냐. 성질이 잔뜩 나서 씩씩거리려는 낌새라도 보이면 쏜살처럼 날아오는 말이 있다. "그만하지 못해!", "어디 어른들 앞에서", "너, 재갈을 확 물린다", "뭘 잘했다고, 어디서 건방지게", "또 저런다, 누굴 닮아 저러냐." 따발총이 날아온다.

아이들의 슬픔과 분노, 잔혹성과 공격성은 순수함이라는 포장지로 가려야만 한다. 가린다고 없어지는 게 아닌데도 불편한 감정을 유독 견딜 수 없는 어른들이 있다. 어린 시절에 그런 불편한 감정을 견뎌준 넓은 품을 만나지 못해서가 아닐까.

엄마의 넓은 품은 어떤 상황에서도 아이를 다독이고 담아줄 줄 안다. 품이 넓은 양육자는 감정의 풍랑에 휩쓸리고 있는 아이에게 함부로 "뚝"이라고 하지 않는다. "아이고, 오늘 우리 아기가 짜증이 많이 나는구나, 네가 자꾸 보채면 나도 힘들단다, 네가 자꾸 떼쓰면 힘들긴 하다만 그래도 널 사랑한다, 엄마 아빠가 이렇게 옆에 있으니 괜찮다"라며 아기가 진정될 때까지 곁을 지켜준다. 누군가에게 온전히, 있는 모습 그대로, 전적으로 안겨본 자만이, 또 다른 누군가를 품을 수 있는 거다.

몽땅 좋거나 몽땅 나쁜 것만 있는 세상은 없다.[3] 화가 나서 자신을 독살하려는 마녀처럼 느껴져도 내 엄마인 거고, 결혼하고픈 아름다운 공주로 느껴져도 내 엄마인 거다. 좋은 엄마도 내 엄마고 나쁜 엄마도 내 엄마임을 안다는 건 아이에게 슬픈 일이다. 하지만 이 운명을 받아들여야 한다. 그래야 아이가 엄마에게 눈물이 쏙 빠지게 혼이 나고도 다시 엄마 품에 안길 수 있다. 엄마의 너른 품에서 엄마와 함께 자신이 내뿜는 나쁜 감정들을 견디어보았던 경험이 있기에 가능한 일이다.

그러므로 엄마에게 기분이 상한다고 대뜸 진짜 엄마를 찾아갈 거라는 아이의 얼토당토않은 소리를 가볍게 보아 넘겨선 곤란하다. 아직 나쁜 엄마와 좋은 엄마를 통합하지 못했다는 분열의 증후이기 때문이다. 이 분열이 습관이 되면 대인 관계의 수명이 짧아진다. 기분 조금 상한다고 가족과 등을 돌리고 친구를 천하의 상종 못 할 인간으로 만든다. 대상을 좋은 감정과 나쁜 감정에 따라 재빨리 분리수거하는 거다. 게다가 불편한 감정을 그리 뿌리치기만 하고 살면, 결국 긍정적인 감정마저도 무뎌질 확률이 높아진다고 한다.[4]

그러므로 아이들이 비치는 슬픔도 분노도 공격성도 함부로 유배 보내선 안 된다. 속에서 치고 올라오는 공격성, 노여움, 증오심으로 혼란스러울 때 그걸 함께 견뎌주어야 한다. 그 경험이 사는 데 얼마나 강력한 뒷심이 되는지 모른다. 그래야만 다 자라서 혼란스러운 상황에 부닥치더라도 그걸 혼자 견뎌내고 진정시킬 줄 알게 된다.[5] 상대방이 실망스럽고 기분 상하게 할지라도 원만하게 오래 관계 맺을 힘도 여기서 나오는 거다.

모두가 ○
백 점인 삶

제임스 프레이저James George Frazer의 말마따나 절망과 희망은 단순한 반의어가 아니다. 절망과 희망이라는 씨줄과 날줄이 교차하면서 뿌듯함, 까마득함, 신남, 뭉클함, 초조함, 충만함, 막막함, 들뜸, 편안함, 지겨움, 어색함이라는 수많은 감정의 물결이 일렁거리기도 잦아들기도 하면서 삶이 직조되므로. 그렇게 짜인 삶의 옷감에서 어떻게 행복과 불행을, 희망과 절망을, 고통과 기쁨을 따로따로 골라낼 수 있을까. 모호한 게 삶의 매력이 아닐까. 가끔 그 모호함을 견딜 수 없어서 수학을 취미 삼는 어른들이 늘어나는지 모르지만.

그녀에게 수학에서 뭘 찾느냐고 물었다. 그녀는 그것이 위안이 된다고 말했다. 분필을 갖고 풀다 보면 답은 기다리고 있다고 했다. 그가 말했다. "달리 말해 삶과 같지 않다는 말이군. 삶이란 답이 없거나 혼란스러운 답들만이 있는 질문이란 말이네."

– 할레드 호세이니, 《그리고 산이 울렸다》 중에서[6]

삶은 자로 잰 듯 무 자르듯 딱 부러지게 이게 좋고 저게 나쁘다고 단정할 수 없다. 삶을 두고 이게 행복이고 저게 불행이라고 정확히 가르려는 게 어리석음을 알겠다. 그래서 명확한 답을 준다는 자기계발서를 읽으면 처음에는 사이다처럼 시원해도 금세 갈증이 나는 것이리라. 우리들 각자에게 출제된 삶의 문제는 저마다 다르기에, 또 그걸 푸는 공식도 저마다 다르기에 우리는 자신에게 주어진 단 하나밖에 없는 삶의 문제를 열심히 풀어갈 뿐이다. 그러니 모두가 백 점인 삶이다.

후두둑후두둑…
작은 물방울 글씨로
촉촉이 답안지를 가득 메워

주룩주룩 주루룩…

여기도 동그라미

저기도 동그라미

채점을 한다.

비 오는 날은

여기도 백 점

저기도 백 점

틀린 곳 하나 없이

사방이 동그라미

모두가 백 점이다.

– 김기현, 〈비오는 날〉[7]

살아갈수록 삶이 풍기는 곰삭은 냄새가 좋다. 집집마다 장맛이 다르듯이 삶마다 고유한 맛이 있다. 자신만이 거쳐온 희망과 절망, 불행과 행복, 슬픔과 기쁨이 잘 삭혀진 맛. 농익은 저마다의 삶에 어찌 점수를 매기겠는가.

문학치유 처방전

: 통합

◖ 이경임의 시 〈야누스의 나무들〉은 삶의 양면성을 잘 보여줍니다. 자신이 느낀 양면성은 어떤 것이었나요. 이 시에서 다루지 않은 어떤 상황이나 대상도 좋습니다. 더불어 자신은 호불호가 강한 분열형 인간인지, 모호함을 잘 견디는 통합형 인간인지 돌아봅시다.

◖ 문학은 수학과 질적으로 다른 종류의 카타르시스를 선사합니다. 수학이 삶의 모호함에서 오는 답답증을 해소해준다면, 문학은 삶의 모호함을 체질화하도록 돕습니다. 성숙할수록 모호함을 잘 견딘다고 합니다. 매일 좋은 시를 읽으면서 삶의 모호함을 잘 견디도록 정신을 단련해보세요.

시인들이야말로 그런 정신 단련을 위한 좋은 트레이너입니다. 박재삼, 정진규, 정현종, 정호승, 곽재구, 김용택, 안도현, 천양희, 복효근, 최영철, 이규리 시인의 작품을 추천합니다. 위로가 되는 시구절을 노트에 쓰거나 가슴에 새겨봅시다.

고통이라는 화폐를
지불해야 하는 삶

: 고통

철학자 존 듀이와 미겔 데 우나무노는 말했다.
우리는 문제와 고통을 만나야 비로소 생각하게 되고
그래야만 인간이 될 수 있다고.
고통의 먹물로 새겨지지 않은 삶의 이력서가 있을까.

고통의
대가가 되어라

    ○

피할 수만 있다면 피하고 싶은 게, 허락도 없이 쳐들어오는 게 고통이다.[1] 고통이 닥치면 누구나 소리친다. 저 좀 살려주세요라고. '통증' 님이 그랬다. 두통만으로도 모자라, 치통, 생리통, 요통, 근육통까지 온갖 통증을 주렁주렁 달고 살았던 모양이다. 버틸 만큼 버텼다는 생각에 이르자 '통증' 님[2]은 죽기로 결심한다. 눈을 딱 감았다. 전속력으로 가속페달을 밟았다. 바위와 추돌한 차는 종잇장처럼 구겨졌다. 그런데 예상과 달리 결과는 참담하지 않았다. 애먼 차만 망가지고 '통증' 님은 타박상이라는 훈장만 달았을 뿐이다. 이 정도로는 기적이라 하기에 일렀다. 진짜 기적은 그다음에 일어난다. 그 일 이후 '통증' 님을 괴롭히던 지긋지긋하고 끔찍한 통증이 감쪽같이 사라져버린 거다.

통증이 없어지기만 오매불망 기다렸으니 뛸 듯이 기뻐한 게 당연하다. 그런데 그것도 며칠뿐이었다. 그토록 바라던 꿈이 현실이 됐지만 '통증' 님은 무기력해지고 점차 사는 낙을 잃어간다. 통증만 사라진 게 아니라 감각이 통째로 마비되었을 줄이야! 통증과 함께 즐거움까지도 사라져버린 거였다. 달콤함도 씁쓸함도, 따스함도 차가움도, 유쾌함도 불쾌함도, 부드러움도 거칢도 아무것도 느낄 수 없게 되었다. 몸이 여기저기 아플 때보다도 더 살맛이 나지 않는다고 했다.

고통을 몰아내면 행복할 줄만 알았는데, 권태라는 불청객이 와락 쳐들어온다. 쇼펜하우어의 말마따나 인간의 삶은 고통과 권태 사이를 왔다 갔다 하는 것인가 보다. 마냥 고통스러워도 안 되고 마냥 권태로워도 안 된다고, 이쪽이 치고 내려오는 그 탄력으로 저쪽이 튕겨 올라가는 거라고. 서로 올려주거니 내려주거니 넘실대며 사는 거라고. 삶은 우리에게 삶으로써 날마다 열심히 가르쳐주고 있다.

그러므로 고통을 성급하게 불행과 짝짓는 건 매우 위험한 착시다. 고통을 겪어서 불행해지는 게 아니라 고통을 통해 삶을 배우지 않아서 불행해지는 거다. 강물은 작은 바위, 큰 바위가 막아설 때마다 다친다. 모퉁이를 휘돌 때는 넘어지기 일쑤다. 혹한과 폭풍에는 살갗이 찢기기도 한다. 벼랑 끝에서 정신을 잃기도 한다. 하지만 강물은 멈추지 않고 만나는 고비마다 열심히 생각한다. 철학자 존 듀이와 미겔 데 우나무노는 말했다. 우리는 문제와 고통을 만나야 비로소 생각하게 되고 그래야만 인간이 될 수 있다고.[3] 고통의 먹물로 새겨지지 않은 삶의 이력서가 있을까. 생의 굽이마다 만난 고난과 역경을 통해 삶을 배우면서 그만큼 자라는 거다.

그래서 우리가 두려워해야 할 하나가 있다면 그건 자신의 고통을 무가치하게 놔두는 거다. 도스토옙스키의 말이다. 고통의 달관자다운 면모가 물씬 풍기는 말이기도 하다. 그는 러시아 청년들에게 한때 유행하던 사회주의 모임에 참가하는 바람에 고통에 제대로 입문한다. 감옥에 8개월간 감금되었고 21명의 동료와 함께 사형을 선고받고 형장으로 끌려가기에 이른다. 처음 세 사람이 기둥에 묶이고 사형을 집행하는 병사들이 총을 들어 올린 순간이었다. 갑작스러운 황제의 사형 면제 하명이 떨어진다. 나중에 알고 보니 사형선고부터 집행, 그리고 면제까지 자유사상에 물든 젊은이들을 골탕 먹이려는 속셈으로 황제가 꾸 몄던 연극이었다.

도스토옙스키는 죽음과 삶의 끔찍한 갈림길에도 서봤고, 시베리아의 감옥에서 죄수, 살인범들과 함께 어울리며 거칠고 위태롭고 황망하게 지내기도 했다. 그뿐인가. 아내와 사별해야 했고, 형 미하일도 급사로 세상을 떠났다. 둘도 없던 친구까지 연달아 죽었다.[4] 이쯤 되면 필시 고통의 대가가 되기에 손색이 없어 보인다. 고통의 대가답게 그는 자신에게 주어진 고통이라는 화폐를 이상한 데 쓰지 않고 소설에 몽땅 투자했다. 그 덕분에 고통받는 수많은 독자가 삶을 숙고할 기회를 얻었던 거다.

몸에 좋은 약이 쓴 것처럼 고통도 그렇다. 사람들이 죽을 때가 되면 그동안 안 하던 짓을 왜 하는지 이제 알겠다. 죽음이라는 벼랑 끝에 서보니 생각의 눈이 뜨인 거다. 그전에는 어림도 없었던 신경증이 연해지는가 하면, 거칠었던 관계가 부드러워지기도 한다.[5] 생각의 노를 저어야 고통의 깊은 강을 잘 건널 수 있나 보다. 그리하여 그전에는 생각지도 못한 생각을 만나게 되고, 완고했던 마음이 말랑말랑해지고 잃었던 삶의 미각을 되찾게 되나 보다.

숙고하지 않는 삶은,
맹탕

슈호프는 수용소에 들어온 이후로
배불리 먹던 일을 자주 회상하곤 한다.

프라이팬에 구운 감자를 몇 개씩이나 먹어치우던 일이며,
채소를 넣어 끓인 죽을 냄비째 먹던 일
큼직한 고깃덩어리를 먹었던 때도 있었고
배가 터지도록 우유를 마셔대던 일이
눈앞에 어른거렸다.

음식은 그 맛을 음미하면서
천천히 먹어야 제맛을 알 수 있는 것이다.
지금 이 빵조각을 먹듯이 제맛을 알 수 있는 것이다.
입안에 조금씩 넣고
혀끝을 이리저리 굴리면서
침이 묻어나도록 한 다음에 씹는다.

그러면 설익은 빵이라도 얼마나 향기로운지 모른다.

수용소에서 생활한 지 만 팔 년째,
그러니까 벌써 구 년째로 접어들고 있다.

– 알렉산드르 솔제니친, 《이반 데니소비치, 수용소의 하루》 중에서[6]

감옥은 이반 데니소비치의 신체를 부자유하게 했는지는 몰라도 그때까지 놓치고 살았던 먹는 기쁨을 만끽하게 했다. 얼마나 고마운 일인가.

음식으로도 명상을 할 수 있음을 최근에야 알았다. 먹으면서 어떻게 명상을 할까 잔뜩 기대했다. 기대가 크면 실망도 큰 법이다. 먹기 명상 식탁에 차려진 만찬을 보고 어이가 없어서 헛웃음을 쳤더랬다. 겨우 건포도 한 알이라니. 거짓말 안 보태고 건포도 한 알을 가지고 무려 15분 동안 먹었다. 극소량으로 그렇게 오래 먹은 기록을 깰 날이 다신 오지 않을 거다.

그리고 먹기 명상에 빠지면서 실망은 놀라움으로 바뀌었다. 입안에서 건포도 한 알이 선사하던 다채로운 미각이 지금도 생생하다. 이전에도 분명 건포도를 먹긴 먹었다. 한데 그날의 건포도는 난생 처음 맛보는 건포도였으며 세상에 존재하는 건포도와 차원이 다른, 상상치도 못한 맛을 선사했다. 혀끝으로 찬찬히 건포도의 결을 더듬었다. 오묘한 촉감으로 입안이 떨렸고, 향기는 얼굴을 마비시켰고, 입안 가득 차오르는 과즙은 벅찼다. 그 작은 건포도 한 알로 이리도 충만함을 느낄 수 있다니. 아하, 이게 진짜 명상이로구나.

먹기 명상이 끝나고 집으로 돌아오는 길에 "숙고하지 않는 삶은 가치가 없다"라는 소크라테스의 말이 귓가에 맴돌았다. 가끔은 삶의 걸음을 멈추고 깊이 생각에 잠겨봐야 하지 않을까. 그래야 내가 오르막길을 걷고 있는지 내리막길을 걷고 있는지 보이므로. 보이는 것만이 진실이 아니므로. 자신의 삶이 산에 오르는 줄 알았는데 사실은 내려오고 있었음을, 과거로 거슬러 가보니 그때의 삶이 더 삶다웠음을, 언제부터인가 꼬인 삶을 꼬인지도 모르고 살아왔음을, 맹목적으로 따르던 삶이 거짓이었음을….

숙고하면 인생 전체를 전혀 다른 각도에서 음미할 수 있다. 고통의 역치가 제일 낮은 게 역시 죽음 아니겠는가. 죽음 앞에 서면 어떤 사람도 약자가 되므로. 그러나 고통이 세야 숙고도 진가를 발휘하나 보다. 세상에 공짜는 없다. 고통은 숙고를 통해 풋내 나는 삶을 깊은 맛이 나도록, 단맛이 나도록 숙성시켜

주므로.

　지금, 나는 씹지도 않고 걸신들린 듯이 삶을 집어삼키고 있지는 않는가. 씀바귀도, 민들레도, 곰취도, 당장은 쓴 것 같아도 오래 씹고 되새김질하면 단맛이 우러난다. 당장 달면 삼키고 쓰면 뱉어내고, 즐거움만을 포식하면서 저열한 감각만 키우지 않았나 싶다. 당장 달콤한 것만 골라 먹으면 약골을 면하기 힘들다. 쓰디쓴 맛에서 단맛을 낼 줄 알아야 강골로 거듭날 수 있다.

　그러므로 자신에게 닥친 고통을 음미하고 숙고하면 불행을 보란 듯이 따돌릴 수가 있다. 고통이 인생의 필수과목이라면 불행은 선택과목일 뿐이므로. 시인 한용운은 이렇게 말하고 싶었으리라. 슬픈 이별이 있었기에 눈물에 죽었다가 부활해 입이 찢어져라 웃을 수 있는 거라고. 이별을 했기에 전에 알지 못했던 웃음의 과즙을 맛볼 수 있는 거라고. 고통이라는 화폐를 제대로 쓰면, 삶을 맛있게 요리해서 우리에게 돌려준다고.

　그래서 끝까지 살아봐야 한다. 온실에 무덤덤하게 피어 있는 꽃은 모진 비바람 맞아가면서 끝끝내 벼랑 끝에 핀 꽃이 발산하는 매력을 결코 흉내 낼 수 없기에.

문학치유 처방전

:고통

◀ 전미정의 시 〈하산길〉을 읽고 피할 수만 있다면 피하고 싶었던 여러분의 파국, 연루, 배신, 모함, 누명, 희생, 불치병, 파탄, 이별, 상실과 같은 험난한 구간은 언제였는지 돌아보세요. 그 구간을 어떻게 지났으며, 그 구간을 지나지 않았더라면 얻을 수 없었던 삶의 이득은 무엇이었을지 숙고해보세요.

덧붙여 엘리자베스 퀴블러 로스의 "삶은 누구에게나 불공평하다, 그러므로 삶은 공평하다"라는 말에 대해서도 생각해보세요.

◀ 에픽테토스는 누누이 강조했습니다. 어떤 사건이 우리의 삶을 망가뜨리는 게 아니라, 사건을 바라보는 어떤 해석과 태도가 우리를 불안하고 고통스럽게 만든답니다. 원치 않은 사건을 경험한 사람들이 반드시 고통의 수렁에 빠지는 건 아니니까요.

스스로를 고통스럽게 하는 자신의 시선과 태도를 찬찬히 점검해봅시다.

주석

─────────── 1 관계 패턴 ───────────

1 '치다꺼리' 님 이야기는 서영은의 소설 《먼 그대》를 빌려와 개작했다.

2 레온 J. 사울, 이근후 외 옮김, 《정신역동적 정신치료》, 하나의학사, 1992, 239~240쪽; 이런 현상을 대인관계 악순환이라고 한다.

3 대상관계이론이 등장하자 프로이트 시대를 풍미하던 오이디푸스기의 스타였던 아버지는 무대 뒤로 사라진다. 바야흐로 전 오이디푸스기의 스타인 어머니의 시대가 도래한 것이다. 지금은 프로이트가 말하던 욕동이론보다 대상관계에 대한 관심이 더 부각되고 있다.

4 마이클 P. 니콜스, 김영애 옮김, 《가족치료 현장으로의 초대》, 시그마프레스, 2006, 119~120쪽

5 제이 그린버그·스테판 밋첼, 이재훈 옮김, 《정신분석학적 대상관계이론》, 한국심리치료연구소, 1999, 267~282쪽

6 이선영, 〈종이를 아프게 하다〉, 《글자 속에 나를 구겨넣는다》, 문학과지성사, 1996

7 셸던 캐시단, 이영희 외 옮김, 《대상관계치료》, 학지사, 2005, 23~27쪽; 이는 뇌 과학으로도 증명되고 있다. 이를 발생학자들은 '임계기'라는 개념으로 설명한다. 임계기란 주어진 환경에서 사람들로부터 받는 자극의 도움으로 뇌 체계와 지도들이 발달하는 짧은 기간이다. 생애 첫해의 뇌의 무게는 평균적으로 출생 시에는 400그램 정도고 열두 달째에는 1000그램 정도다. 이른 시기의 애정과 다른 사람의 돌봄이 중요한 이유는 우리 뇌의 많은 부분이 태어난 이후에야 발달을 시작하기 때문이다. 우리가 감정을

조절하도록 도와주는 전전두피질의 뉴런들은 생후 첫 2년 안에 연결되지만, 다른 사람의 도움이 있을 때만 그렇게 된다. 다른 사람이란 대개의 경우 엄마를 뜻하며, 엄마는 문자 그대로 아기의 뇌를 주조한다(노먼 도이지, 김미선 옮김,《기적을 부르는 뇌》, 지호, 2008, 136~421쪽).

8 최승호, 〈오징어 3〉,《고슴도치의 마을》, 문학과지성사, 1985

---

2 악마 연인

1 '미유' 님 이야기는 1864년에 태어난 조각가 카미유 클로델의 이야기를 상담 상황에 맞게 각색했다. 실화를 바탕으로 한 영화 〈까미유 끌로델〉(1988)과 〈까미유 끌로델 1915년〉(2013)을 토대로 했다. 카미유는 1898년 로댕과 결별하고, 1913년 정신병동에 입원한 후 30년 동안 피해망상과 과대망상에 시달리며 살다가 1943년 생애를 마감했다.

2 김지운 감독, 〈달콤한 인생〉, 제작: 영화사봄 / 배급: CJ엔터테인먼트, 2005

3 도스토옙스키, 채수동 옮김, 〈백야〉,《죽음의 집의 기록 / 가난한 사람들 / 백야》, 동서문화사, 2011

4 김언희, 〈이 저녁〉,《나보다 더 나를 사랑한 당신》, 오늘의책, 2000

5 수전 캐벌러-애들러, 이재훈 옮김,《애도》, 한국심리치료연구소, 2009, 26~31쪽; 마음속에 나쁜 대상(표상)이 자리 잡고 있으면 중요한 대상을 악마 연인으로 만들 가능성이 높아진다. 자신을 사로잡고 공격하고 강간하고 버리는 자들이 악마 연인이다. 카미유 클로델과 달리 무용수인 수전 패럴은 안무가인 게오르게 발란친을 자신의 남성 뮤즈로 경험했지, 악마로 변형시키지 않았다. 수전 패럴은 초기 모성적 외상을 겪지 않았으므로 자신을 침범하는 타자를 받아들일 힘이 있었던 것이다. 하지만 초기 모성적 외상을

해결하지 못한 카미유 클로델은 로댕의 침범을 소화할 힘이 없었다.

3 융합

1 '실화' 님 이야기는 박경리의 소설 《토지》에 나오는 인물 '홍가'의 이야기
   를 빌려와 개작했다. 홍가의 어머니는 경계선 성격장애와 악성 자기애가
   극심한 인물이다.

2 이규리, 〈동파〉, 《최선은 그런 것이에요》, 문학동네, 2014

3 마이클 P. 니콜스, 김영애 옮김, 《가족치료 현장으로의 초대》, 시그마프레
   스, 2006, 350쪽

4 마거릿 말러는 생애 초기 발달단계를 분화자폐단계, 공생단계, 분리개별
   화단계로 분류하고, 생후 2~6개월까지는 엄마와 완전한 심리적 융합을
   이루는 공생관계로, 생후 2년을 엄마와 분리 독립을 시작하는 시기로 보
   았다(제이 그린버그·스테판 밋첼, 이재훈 옮김, 《정신분석학적 대상관계
   이론》, 한국심리치료연구소, 1999, 429~439쪽).

5 마이클 P. 니콜스, 김영애 옮김, 《가족치료 이론과 실제》, 시그마프레스,
   2015, 135~137쪽

6 마이클 P. 니콜스, 앞의 책, 257쪽

7 에리히 프롬, 이완희 옮김, 《사랑의 기술》, 문장사, 1987, 66쪽
   도널드 위니컷, 이재훈 옮김, 《성숙 과정과 촉진적 환경》, 한국심리치료연
   구소, 2000, 69쪽

8 문태준, 〈두터운 스웨터〉, 《우리들의 마지막 얼굴》, 창비, 2015

4 이중구속

1 '족쇄' 님 이야기는 김소월의 시 〈진달래꽃〉에서 발상을 얻어 무라카미 하루키의 소설 《태엽 감는 새》에 접목했다.

2 그레고리 베이트슨, 박대식 옮김, 《마음의 생태학》, 책세상, 2006, 338~351쪽, 426~436쪽

3 그레고리 베이트슨, 박지동 옮김, 《정신과 자연》, 까치, 1998, 154~155쪽

4 한용운의 시 〈님의 침묵〉의 한 대목이다.

5 요시다 슈지, 심윤섭 옮김, 《마음의 탄생》, 시니어커뮤니케이션, 2009, 222~224쪽

6 그레고리 베이트슨, 같은 책, 341쪽

5 거짓 자기

1 '재채기' 님 이야기는 안톤 체호프의 소설 〈어느 관리의 죽음〉에서 빌려와 개작했다. 소설에서 '재채기' 님의 최후는 매우 충격적이다. 이 재채기 사건 이후 불안으로 인한 극심한 스트레스를 견디다 못해 오장육부가 뚝 끊어져 죽고 만다.

2 도널드 위니컷, 이재훈 옮김, 《성숙 과정과 촉진적 환경》, 한국심리치료연구소, 2000, 81~82쪽

3 하퍼 리, 김욱동 옮김, 《앵무새 죽이기》, 열린책들, 2015, 213쪽

―――――――――――― 6 투사적 동일시 ――――――――――――

1 에릭 애크로이드, 김병준 옮김, 심층심리학적《꿈 상징 사전》, 한국심리치
   료연구소, 1997, 50쪽

2 셸던 캐시단, 이영희 외 옮김,《대상관계치료》, 학지사, 2005, 137~139쪽

3 셸던 캐시단, 같은 책, 109쪽, 114~128쪽

4 '빛쟁이' 님 이야기는 이청준의 소설 〈눈길〉에서 빌려왔다. 이 소설에는
   '빛'이란 단어가 실제로 수십 번 등장한다.

5 장옥관, 〈붉은 꽃〉,《그 겨울 나는 북벽에서 살았다》, 문학동네, 2013

6 마이클 P. 니콜스, 김영애 옮김,《가족치료 현장으로의 초대》, 시그마프레
   스, 2006, 89쪽

7 서안나, 〈등〉,《립스틱 발달사》, 천년의시작, 2013

ROOM 2 살아주어 참 고마운 당신에게

―――――――――――――― 1 부정 ――――――――――――――

1 '배차' 님 이야기는 김경미의 시 〈해명〉에서 모티프를 빌려와 개작했다.

2 한용운, 〈비밀〉,《님의 침묵》, 회동서관, 1926

3 유승우, 〈살과 뼈는 정직하다〉,《살과 뼈는 정직하다》, 수동예림, 2018

4 수전 손택, 이재원 옮김,《은유로서의 질병》, 이후, 2002, 70쪽 각주 참조

5 최의헌, 《최의헌의 정신병리 강의》, 시그마프레스, 2008, 254~255쪽; 신
   체화와 신체화 장애는 다르다. 신체화 방어기제는 심리적인 상태를 신체
   적인 증상으로 대치해 드러내는 것을 의미하는데, 신체화가 정신병리 수
   준에 이르면 신체화 장애라고 한다.

6 정명화 외, 《정서와 교육》, 학지사, 2005, 639쪽

7 댄 J. 스타인, 김종우 외 옮김, 《인지과학과 무의식》, 하나의학사, 2002,
   87~88쪽

8 지크문트 프로이트, 정장진 옮김, 《예술, 문학, 정신분석》, 열린책들, 2003,
   437~438쪽

9 이금이, 《유진과 유진》, 푸른책들, 2004

─────────────────── 2 우울 ───────────────────

1 '찬슬' 님 이야기는 김영랑의 시 〈모란이 피기까지는〉을 빌려와 개작했다.

2 김영랑, 〈독을 차고〉, 《문장》, 1939

3 철학상담가인 루 매리노프는 프로작이 아니라 플라톤을 읽으라고 강조했
   으며, 필자 또한 시를 읽는 것이 우울증에 효과적이라고 믿고 있다. 하지
   만 프로작 복용을 권하는 전문의의 소견이 있다면 우선적으로 프로작을
   복용하는 것이 맞다.
      우울증에는 유전적, 생물학적으로 생기는 내인성 우울이 있고, 환경이
   나 외부 사건으로 생기는 반응성 우울이 있다. 내인성 우울증은 약물치료
   가 우선이라면, 반응성 우울증은 심리치료가 더 효과적이다(최정윤 외,
   《이상심리학》, 학지사, 2015, 270~271쪽). DSM-5에 따르면 만성적 우울
   감은 지속성 우울장애로 적어도 2년 동안 우울 기분이 없는 날보다 있는

날이 더 많은 경우에 속한다. 지속성 우울장애 환자는, 우울 삽화가 더 자주 나타나며 자살 사고도 많다(최정윤 외, 같은 책, 275~277쪽).

4 프로작은 1987년부터 시판된 우울증 치료제다. 세로토닌을 증가시켜서 해피메이커로 불린다. 엑스터시라는 마약의 작용기전과 같으며, 기억도 향상시킬 수 있다(수전 그린필드, 정병선 옮김, 《브레인 스토리》, 지호, 2004, 61쪽; 노먼 도이지, 김미선 옮김, 《기적을 부르는 뇌》, 지호, 2008, 310쪽).

5 아론 벡에 따르면 우울증 환자들은 자신, 환경, 미래를 부정하는 경향이 강한데, 이걸 일러 '인지삼제'라고 한다.

6 한용운, 〈님의 침묵〉, 《님의 침묵》, 회동서관, 1926

7 안젤름 그륀, 김선태 옮김, 《너 자신을 아프게 하지 마라》, 성서와함께, 2017

8 기욤 뮈소, 윤미연 옮김, 《구해줘》, 밝은세상, 2006

9 프레데릭 살드만, 이세진 옮김, 《내 몸 치유력》, 푸른숲, 2015, 170~171쪽

10 김영랑, 〈모란이 피기까지는〉, 《문학》, 1934

11 김종삼, 〈어부〉, 《김종삼 전집》, 나남출판, 2005

---
3 해리
---

1 '망각' 님의 이야기는 노희경의 드라마 〈괜찮아, 사랑이야〉에서 빌려와 각색했다.

2 퍼트리샤 하이스미스의 소설 《열차 안의 낯선 자들》(홍성영 옮김, 오픈하우스, 2015)의 한 대목이다.

3 이성복, 〈느낌〉, 《그 여름의 끝》, 문학과지성사, 1990

4 노먼 도이지, 김미선 옮김, 《기적을 부르는 뇌》, 지호, 2008, 250쪽

5 주디스 허먼, 최현정 옮김, 《트라우마》, 플래닛, 2007, 84~85쪽

6 주디스 허먼, 같은 책, 77쪽; 특히 외상 기억은 중추신경계의 변화를 가져
   옴이 특징이다. 아드레날린과 스트레스 호르몬의 수치가 올라갈수록 기
   억의 흔적이 깊숙이 각인된다고 한다. 외상 기억은 더 깊이 새겨질 수밖에
   없다.

7 로이 헤리스, 고석주 옮김, 《소쉬르와 비트겐슈타인의 언어》, 보고사,
   1999, 171쪽

8 최영철, 〈노을〉, 《찔러본다》, 문학과지성사, 2010

9 주디스 허먼, 같은 책, 88~89쪽

---

4 자아상

---

1 디디에 앙지외, 권정아·안석 옮김, 《피부자아》, 인간희극, 2013, 48쪽

2 제이 그린버그·스테판 밋첼, 이재훈 옮김, 《정신분석학적 대상관계이론》,
   한국심리치료연구소, 1999, 429~431쪽

3 홍이화, 《하인즈 코헛의 자기심리학 이야기》, 한국심리치료연구소, 2011,
   38~48쪽, 52~59쪽

4 김용택, 〈별 하나〉, 《그대, 거침없는 사랑》, 푸른숲, 2002

5 최승자, 〈자화상〉, 《이 시대의 사랑》, 문학과지성사, 1999

1 줌파 라히리, 박상미 옮김, 《이름 뒤에 숨은 사랑》, 마음산책, 2004; 단, 필
자가 행갈이한 것이다.

2 최정윤 외, 《이상심리학》, 학지사, 2015, 196쪽

3 노먼 도이지, 김미선 옮김, 《기적을 부르는 뇌》, 지호, 2008, 250쪽

4 최정윤 외, 같은 책, 196쪽; 외상후스트레스장애(PTSD)는 여러 가지 다
양한 외상성 사건을 경험하고 난 후에 나타나는, 장기간 지속되는 심각한
불안장애이다. 외상후스트레스장애는 불안장애의 하위 범주였는데, 정
신질환의 진단 및 통계 편람(Diagnostic and Statistical Manual of Mental
Disorders: DSM)이 DSM-Ⅳ에서 DSM-Ⅴ로 개정되면서 독립 범주가
되었다. PTSD가 만연해졌고 그만큼 중요하다는 지표다.

5 '깔끔' 님 이야기는 노희경의 드라마 〈괜찮아, 사랑이야 〉에서 빌려와 개
작했다.

6 강박장애는 시간이 지나고 점진적으로 뇌 구조가 바뀌면서 더 심해지고,
강박증이 심할수록 안와전두피질이 더 많이 활성화된다고 한다. 실수하
는 느낌으로 발화되는 안와전두피질이 띠이랑으로 신호를 보내 불안을
유발하고, 장과 심장 모두에 신호를 보내 공포와 관련이 있는 신체감각을
일으킨다. 그러면 불안을 잠재울 수 있는 어떤 행동을 하게 되고, 그 결과
자동 변환 장치라 할 수 있는, 한 생각에서 다음 생각으로 흐르게 해주는
꼬리핵이 작동하게 된다. 그런데 문제는 강박장애를 가진 사람들은 안와
전두피질과 띠이랑이 늘 과도하게 활성화되어 있고, 다른 생각으로 넘어
가게 만드는 자동 변환 장치라 할 수 있는 꼬리핵이 고장 나 있다고 한다.
  이에 슈워츠가 알려준 치료 요법은 두 가지이다. 첫 번째, "세균 때문이
아니라 나의 강박장애 때문이다"를 인식하기. 즉 뇌의 잘못된 회로 때문

(꼬리핵 고장)임을 스스로 상기해야 한다. 두 번째, 강박적인 생각에 사로잡히는 순간에 긍정적이고 건전하고 이상적으로 즐거움을 주는 활동으로 초점을 재조정해보기. 정원 가꾸기, 봉사 활동, 취미 활동, 악기 연주, 음악 감상, 운동, 골 넣기 등을 하면서 새로운 회로를 형성하도록 한다. 꼬리핵이라는 기어가 자동으로 말을 듣지 않으니 수동으로라도 바꿔야 한다는 것이다. 강박사고와 강박행동은 하면 할수록 더 하고 싶어지고, 덜 하면 덜 할수록 덜 하고 싶어진다고 한다(노먼 노이지, 김미선 옮김, 《기적을 부르는 뇌》, 지호, 2008, 222~229쪽).

7 전투 상황이나 자연재해처럼 스트레스가 극심한 외부 상황에 노출되었던 사람들은 그 충격적인 사건을 반복할 필요가 있으며, 이러한 반복에서 유익을 얻을 수도 있다. 반복은 아마도 외상 사건에 숙달하기 위한 시도일 것이다. 이는 외상을 해결하는 데 일정한 시간이 필요하다는 점을 말해준다. 하지만 외상적 사건에 대한 숙달이 꿈속에서의 반복을 통해 언제나 이루어질 수 있는 것은 아니라고 한다. 꿈속에서의 반복은 외상을 묶어놓는 역할은 하지만 반복된다는 점에서 그 자체가 외상이 될 수 있다고 한다(버네스 무어 편저, 이재훈 옮김, 《정신분석학 주요 개념 II》, 한국심리치료연구소, 2009, 61~62쪽, 81쪽). 프로이트는 많은 꿈이 소망 성취를 담고 있으며, 비록 불쾌한 꿈일지라도 그렇다고 본다(지크문트 프로이트, 김인순 옮김, 《꿈의 해석》, 열린책들, 2004, 645~671쪽).

8 주디스 허먼, 최현정 옮김, 《트라우마》, 플래닛, 2007, 17쪽

9 베네딕트 데 스피노자, 강영계 옮김, 《에티카》, 서광사, 2007, 292쪽, 297쪽, 316쪽

10 주디스 허먼, 같은 책, 295쪽

11 연합뉴스, 〈'부일외고 수학여행 참사' 생존자, "14년 흘렀는데…"〉, 2014. 4. 23

1 이상, 〈오감도 제1호〉, 《조선중앙일보》, 1934. 7. 24

2 성인기에 반복적인 외상을 경험하게 되면 이미 형성된 성격 구조가 파괴되고, 아동기에 반복적인 외상을 경험하게 되면 성격을 만들어낸다(주디스 허먼, 최현정 옮김, 《트라우마》, 플래닛, 2007, 169쪽). 그리고 어린 시절 학대받은 아이들이 공포공포증에 노출될 확률이 높다. 제일 두려운 건 공포공포증이다. 루스벨트가 "두려움 그 자체 말고는 아무것도 두려워할 것이 없다"라고 했던 것은 공포공포증을 염두에 둔 말이다(스티븐 핑커, 김한영 옮김, 《마음은 어떻게 작동하는가》, 동녘사이언스, 2007, 593~595쪽).

3 쌍둥이 남자아이들 이야기는 아고타 크리스토프의 소설 《존재의 세 가지 거짓말》(용경식 옮김, 까치, 1993)에서 빌려왔다.

4 감각기관(촉각, 압력, 통증, 열기 등을 감지)의 체계인 피부는, 다른 외부 감각기관들(청각, 시각, 후각, 미각), 운동감각, 그리고 평형감각 등과도 밀접한 관련이 있다(디디에 앙지외, 권정아 외 옮김, 《피부자아》, 인간희극, 2013, 41쪽).

5 공포가 일어나서 행동이 일어나기까지 1~2초밖에 걸리지 않는다고 한다. 편도체는 과거에 경험했던 위험과 연관된 어떤 패턴을 인지하면 곧바로 뇌간으로 연결되고, 이 뇌간이 "도망가거나 싸워라" 반응을 활성화시키고 경고를 울린다고 한다(마이클 가자니가, 박인균 옮김, 《왜 인간인가》, 추수밭, 2009, 96~97쪽). 공포를 경험할 때는 에피네프린이 증가해 도망가려는 동기가 높아진다고 한다(정명화 외, 《정서와 교육》, 학지사, 2005, 18쪽).

6 김상미, 〈400번의 매〉, 《검은, 소나기떼》, 세계사, 1997

7 시상하부가 편도 옆에 위치해 혈압, 체온, 심장박동 등에 관여하고 있다는

것은 감정이 신체 변화의 원천임을 말해준다(잔 루프너, 김영숙 옮김,《지식과 감정에 대하여》, 자음과모음, 2010, 72쪽).

8 코르티솔은 콩팥 위쪽에 자리 잡은 부신(콩팥위샘)에서 만들어지는 호르몬으로 스트레스를 많이 받을수록 더 많이 생산된다. 스트레스에 대한 반응에서 해마의 활동에 일어나는 변화 때문에 시상하부는 코르티코트로핀 분비 호르몬과 아르지닌 바소프레신이라는 두 가지 호르몬을 분비한다. 이 두 호르몬은 뇌하수체를 자극해 그 결과로 아드레노코리티코트로핀 호르몬을 혈액 속으로 분비한다. 부신 세포가 이 호르몬을 흡수하면 코르티솔이 분비된다. 중요한 것은 이러한 작동이 정상적이라면, 코르티솔을 분비하면서도 자체 내에 스트레스 반응 경로의 활성화를 줄이고 진정시키는 기능까지 있다는 점이다. 이는 우리가 과도한 스트레스 상태에 빠지지 않게 해준다. 그런데 어린 시절 학대는 어른이 되어서도 실제로 과도한 스트레스 상태에 있게 한다. 어린 시절 학대를 받는 동안 뇌에서 보내는 신호 연쇄 반응이 활발하게 일어나고, 이 체계는 마치 그 사람이 아직도 학대 상황에 놓여 있는 것처럼 계속 신호를 발사해 이들은 늘 코르티솔을 너무 많이 만들기 때문이다(네사 캐리, 이충호 옮김,《유전자는 네가 한 일을 알고 있다》, 해나무, 2015, 332~339쪽).

9 옥시토신은 연인들이 긴밀하게 사랑을 나눌 때와 부모가 아이를 낳아 기를 때 방출된다(노먼 도이지, 김미선 옮김,《기적을 부르는 뇌》, 지호, 2008, 160~162쪽). 바소프레신과 옥시토신, 이 두 호르몬은 관계 혹은 애착을 발생시키는 역할을 한다(장 디디에 뱅상, 이세진 옮김,《뇌 한복판으로 떠나는 여행》, 해나무, 2010, 378~388쪽).

ROOM 3 꽃보다 아름다운 당신에게

──────────── 1 말의 힘 ────────────

1 '친구' 이야기는 존 버거의 소설 《여기, 우리가 만나는 곳》에서 빌려와 개
   작했다.

2 헤르타 뮐러, 박경희 옮김, 《숨그네》, 문학동네, 2010; 단, 필자가 행갈이한
   것이다.

3 캐서린 콜린 외, 이경희 외 옮김, 《심리의 책》, 지식갤러리, 2012, 22~23쪽

4 곽재구, 〈들국화〉, 《서울 세노야》, 문학과지성사, 1990

5 장 코르미에, 김미선 옮김, 《체 게바라 평전》, 실천문학사, 2005, 99쪽

──────────── 2 자존감 ────────────

1 '명품' 님 이야기는 모파상의 단편소설 〈목걸이〉를 빌려와 개작했다.

2 스티븐 핑커, 김한영 옮김, 《마음은 어떻게 작동하는가》, 동녘사이언스,
   2007, 600쪽

3 셸던 캐시단, 이영희 외 옮김, 《대상관계치료》, 학지사, 2005, 49~50쪽

4 로터는 통제소재 이론으로 자존감을 설명했다. 자존감이 높은 사람일수
   록 내적 통제소재 의식을 가지고 있고 자존감이 낮은 사람일수록 외적 통
   제소재 의식을 가지고 있다. 내적 통제소재를 가진 사람은 인생의 행복과
   불행의 원인을 자신에게 귀속시키기 때문에 불행한 환경 속에서도 높은
   자존감을 유지할 수 있고, 불행 속에서도 자신을 보다 긍정적으로 인식할

수 있는 태도를 보인다고 한다. 반면 외적 통제소재를 가진 사람은 자신의 운명은 외부의 환경에 의해 결정된다고 믿는 사람으로, 불행해질 때 그 원인을 외부로 돌리고 자신의 내면을 통찰할 기회를 잃고 불행한 삶을 반복할 가능성이 높다고 한다(김병오, 《자존감 읽기》, 학지사, 2013, 47~48쪽).

5 에픽테토스, 김재홍 옮김, 《왕보다 더 자유로운 삶》, 서광사, 2013

6 셸던 캐시단, 같은 책, 92쪽

7 이윤주·양정국, 《은유와 최면》, 학지사, 2007, 109~111쪽

8 나태주, 〈풀꽃 3〉, 《풀꽃》, 지혜, 2014

───────── **3 거울자기대상** ─────────

1 '몰요'의 이야기는 영화 〈마빈스 룸〉에서 빌려와 각색했다.

2 최정윤 외, 《이상심리학》, 학지사, 2015, 465~478쪽

3 김병오, 《자존감 읽기》, 학지사, 2013, 45쪽

4 베르톨트 브레히트, 김광규 옮김, 〈서정시를 쓰기 힘든 시대〉, 《살아남은 자의 슬픔》, 한마당, 1999

5 김용택, 〈당신의 꽃〉, 《연애시집》, 마음산책, 2002

6 정대현 외, 《감성의 철학》, 민음사, 1996, 132~169쪽

7 홍이화, 《하인즈 코헛의 자기심리학 이야기 1》, 한국심리치료연구소, 2011, 59~60쪽

--------- 4 애도 ---------

1 전미정, 〈한 그루 슬픔이〉, 《봄별 환한 겨울》, 리토피아, 2006

2 지크문트 프로이트, 정장진 옮김, 《예술, 문학, 정신분석》, 열린책들, 2003, 245쪽

3 볼비는 공격성을 대상 상실에 대한 건강한 반응이며, 그로 인한 분노가 건강하게 발산되어야 죄책감이 덜어진다고 본다(수전 캐벌러-애들러, 이재훈 옮김, 《애도》, 한국심리치료연구소, 2009, 122~123쪽). 그러므로 애도 과정에서 접촉하게 되는 슬픔과 분노를 비롯한 다양한 감정의 표현은 건강한 정신을 위한 필수 과정인 셈이다.

4 자기 자신에 대한 환멸에 기초한 후회의 아픔을 경험하는 것을 통해서, 그리고 타자에 대한 환멸과 관련된 상실의 아픔을 통해서, 우리는 진정한 의식으로 들어가는 문을 연다. 이것이 애도 과정이다(수전 캐벌러-애들러, 같은 책, 32쪽).

5 수전 캐벌러-애들러, 같은 책, 27쪽

6 프리드리히 니체, 이필렬·임수길 옮김, 《서광》, 청하, 1983, 202쪽

7 신시아 라일런트, 햇살과나무꾼 옮김, 《그리운 메이 아줌마》, 사계절, 2005, 118~119쪽

8 밀란 쿤데라, 이재룡 옮김, 《참을 수 없는 존재의 가벼움》, 민음사, 2011

9 애도에서 후회의 아픔을 직면할 수 있는 능력과 대상 상실의 고통에 항복할 수 있는 능력은 자기 책임성과 연결된다(수전 캐벌러-애들러, 같은 책, 47~48쪽).

10 아리스토텔레스, 이종오 옮김, 《수사학 1》, 리젬, 2007, 165쪽

11 칼릴 지브란, 강은교 옮김, 《예언자》, 문예출판사, 2000, 39쪽

──────────────── 5 직면 ────────────────

1 최영철, 〈4월 꽃비〉, 《찔러본다》, 문학과지성사, 2010

2 도스토옙스키, 이동현 옮김, 《지하생활자의 수기》, 문예출판사, 1998, 73쪽

3 할레드 호세이니, 왕은철 옮김, 《연을 쫓는 아이》, 현대문학, 2010, 7쪽

4 '의사' 님의 이야기는 이청준의 단편소설 〈병신과 머저리〉에서 빌려와 개
   작했다.

5 도스토옙스키, 같은 책, 60쪽

6 오르한 파묵, 이난아 옮김, 《소설과 소설가》, 민음사, 2012, 53쪽

7 도스토옙스키, 같은 책, 58쪽

8 이청준, 《사라진 밀실을 찾아서》, 월간에세이, 2009

9 C. S. 루이스, 이종태 옮김, 《고통의 문제》, 홍성사, 2005, 110쪽

──────────────── 6 승화 ────────────────

1 장 그르니에, 이규현 옮김, 《카뮈를 추억하며》, 민음사, 1998

2 소설가 박완서가 '양화진 문화원 목요 강좌(2010년 3월 18일)'에서 했던
   강연 내용이다.

3 조지 오웰, 이한중 옮김, 《나는 왜 쓰는가》, 한겨레출판, 2010, 289~290쪽

4 프로이트는 셰익스피어의 《햄릿》이 살해 충동을 억압했다면 이와 다르게

도스토옙스키의《카라마조프가의 형제들》은 살해 충동을 그대로 표현한 점에서 다르다고 보았다(엘리자베트 루디네스코·미셸 플롱, 강응섭 외 옮김,《정신분석 대사전》, 백의, 2005, 820~821쪽). 하지만 억압했든 노출했든지 간에, 아버지에 대한 시기심을 문제 삼았다는 자체만으로도 충분히 의미가 있다.

5 김상미, 〈질투〉,《검은, 소나기떼》, 세계사, 1997

6 로맹 가리, 김남주 옮김,《가면의 생》, 마음산책, 2007;《가면의 생》은 로맹 가리가 활동하다가 나이 들어서 에밀 아자르라는 다른 이름으로 내놓은 작품이다. 이로써 그는 한 작가에게 두 번 주지 않는다는 프랑스의 공쿠르 상을 두 번 받은 유일한 작가가 되었다.

ROOM 4 이제 손을 내미는 당신에게

─────────────────────── 1 환상 ───────────────────────

1 제임스 도너번, 이재훈 외 옮김,《단기 대상관계 부부치료》, 한국심리치료연구소, 2008, 55쪽

2 대상과의 관계나 외부 사건과 관련해 일어나는 무의식적 환상이 있다. 의식적 환상(fantasy)과 구별하기 위해 멜라니 클라인은 무의식적 환상(phantasy)이라는 단어를 사용했다. 무의식적 환상은 최초 대상관계였던 양육자에 대한 이미지로 구성된다. 최초의 대상을 통해 형성된 대상에 대한 이미지를 내적대상이라고 한다. 대상관계이론에서 대상이란, 외적대상과 내적대상으로 구분된다. 외부세계의 구체적인 대상이 외적대상이고, 그 외적대상들과의 관계를 통해서 마음속에 내적으로 형성된 관계경

험의 흔적, 즉 기억, 개념, 상상이나 환상 등과 같은 것이 내적대상이다.

내적대상에 대한 이미지, 즉 환상을 가지고 무의식적으로 현재에 만나는 대상을 경험하는 것이 무의식적 환상이다. 충분히 좋은 어머니가 아닌 경우 내적대상은 부정적 이미지를 만들어내고 충분히 좋은 어머니의 경우 긍정적 이미지를 만들어낸다. 무의식적 환상은 생애 초기에 생물학적 경험을 하는 과정에서 형성된 심리적 경험이며, 이것이 정신의 중요한 기반이 된다(줄리아 시걸, 김정욱 옮김,《멜라니 클라인》, 학지사, 2009, 71쪽; R. D. 힌셜우드, 이재훈 옮김,《임상적 클라인》, 한국심리치료연구소, 2006, 55~56쪽, 91쪽; 홍이화,《하인즈 코헛의 자기 심리학 이야기》, 한국심리치료연구소, 2011, 50쪽).

3 샤또브리앙,《이탈리아 여행기》; 제이 그린버그·스테판 밋첼, 이재훈 옮김,《정신분석학적 대상관계이론》, 한국심리치료연구소, 1999, 27쪽 재인용

4 김용택, 〈거기 가고 싶어요〉,《참 좋은 당신》, 시와시학사, 2003

5 칼릴 지브란, 강은교 옮김,《예언자》, 문예출판사, 2000

6 장 디디에 뱅상, 이세진 옮김,《뇌 한복판으로 떠나는 여행》, 해나무, 2010, 98쪽; 실험에 따르면 나쁜 기억에 젖어 있는 사람은 좀 더 부정적인 사고를 하면서 자기 자신의 지나온 기억들마저 부정적으로 해석하는 경향이 있다고 한다. 기분으로 인해 세상에 대한 지각이 채색되는 한편, 그 효과가 제거되지 않는다는 사실이 참으로 얄궂다(데이비드 마이어스·말콤 지브스, 박원기 옮김,《심리학》, 한국기독학생회출판부, 1995, 235쪽).

7 장 자크 루소, 이용철 외 옮김,《에밀 또는 교육론 2》, 한길사, 2007, 408쪽

8 요시다 슈지, 심윤섭 옮김,《마음의 탄생》, 시니어커뮤니케이션, 2009, 55쪽

9 윌리엄 셰익스피어, 최종철 옮김,《햄릿》, 민음사, 1998, 72쪽

--------- **2 공감** ---------

1 '말픈' 님 이야기는 안톤 체호프의 소설 〈애수〉에서 빌려와 개작했다.

2 정대현 외,《감성의 철학》, 민음사, 1996, 112쪽

3 마이클 P. 니콜스, 김영애 옮김,《가족치료 현장으로의 초대》, 시그마프레스, 2006, 209쪽

4 제럴드 메이, 김동규 옮김,《사랑의 각성》, IVP, 2006

5 조동화, 〈나 하나 꽃 피어〉,《나 하나 꽃 피어》, 초록숲, 2013

6 N. 그레고리 해밀턴, 김진숙 외 옮김,《대상관계 이론과 실제: 자기와 타자》, 학지사, 2007

7 감정 표현 불능증은 임상적 관찰을 통해 비롯된다. 고혈압, 기관지, 천식, 십이지장 궤양, 궤양성 대장염, 갑상선 중독증, 류마티즘성 관절염, 비알레르기성 피부염이나 외성증후군을 앓고 있는 환자들 중 상당수가 상상력이 부족하며, 자신의 느낌을 표현하기를 어려워한다. 또한 이런 사람들은 타인의 감정에 대해 잘 공감하지 못한다고 한다(조지프 시애로치 외, 박재현 외 옮김,《정서지능》, 시그마프레스, 2005, 102~111쪽). 감정의 억압이 생리적 각성, 스트레스 및 질병과 밀접한 관련이 있는데 이를 억압가설이라 한다. 셀리에는 스트레스에 맞서려는 신체의 시도는 시간이 흐르면서 면역체계 활동을 방해해 다양한 질병을 일으키는 데 기여한다고 주장한다. 내성적인 사람들은 그들이 느낀 감정을 언어로 기술하거나 표현하는 데 어려움을 겪는다고 한다(로스 벅, 전환성·조전근 옮김,《감성과 커뮤니케이션》, 나남출판, 2000, 348~350쪽).

8 마이클 P. 니콜스, 같은 책, 207~210쪽

---

3 유머

---

1 지크문트 프로이트, 임인주 옮김, 《농담과 무의식의 관계》, 열린책들, 2004, 79쪽

2 앙드레 지오르당, 이규식 옮김, 《내 몸의 신비》, 동문선, 2002, 146쪽

3 이윤주·양정국, 《은유와 최면》, 학지사, 2007, 167~168쪽

4 이윤주·양정국, 같은 책, 173쪽

5 안네 프랑크, 이건영 옮김, 《안네의 일기》, 문예출판사, 2009

6 지크문트 프로이트, 정장진 옮김, 《예술, 문학, 정신분석》, 열린책들, 2003, 510쪽

7 글렌 O. 개버드, 이정태 외 옮김, 《역동정신의학》, 하나의학사, 2002, 58쪽; 성숙한 방어기제로 유머, 이타주의, 억제, 승화가 있다.

8 지크문트 프로이트, 임인주 옮김, 같은 책, 91쪽

9 앙드레 지오르당, 같은 책, 142~144쪽

10 앙리 베르그송, 정연복 옮김, 《웃음》, 세계사, 1999, 43쪽

---

4 꿈

---

1 여기서는 지면상 꿈의 내용과 해석을 간단히 정리했다. 하지만 꿈-내용은 매우 간단해도 해석을 위한 꿈-사고는 그리 간단하지 않다. 프로이트는 꿈-내용이 반쪽도 되지 않는다면, 꿈-사고는 꿈-내용의 열두 배도 넘는 분량이 필요할 수 있다고 한다. 압축, 은폐, 치환, 생략, 상징, 전이 등 다양한 기법들을 사용하기 때문이다(지크문트 프로이트, 김인순 옮김, 《꿈

의 해석》, 열린책들, 2004, 335~401쪽).

2 베네스 무어 편저, 이재훈 옮김, 《정신분석 주요개념 Ⅱ》, 한국심리치료연
   구소, 2009, 65쪽

3 제임스 S. 그롯슈타인, 이재훈 옮김, 《흑암의 빛줄기》, 한국심리치료연구
   소, 2012, 403쪽.

4 어빙 D. 얄롬, 임옥희 옮김, 《니체가 눈물을 흘릴 때》, 필로소픽, 2014; '악
   몽' 님 이야기는 이 소설 속에서 니체가 꾼 꿈을 개작했다.

5 김지운 감독, 〈달콤한 인생〉, 제작: 영화사봄 / 배급: CJ엔터테인먼트,
   2005

6 꿈은 자주 소망 성취를 노골적으로 드러낸다고 하면서 프로이트가 든 예
   는 다음과 같다. 소금에 절인 짠 음식을 저녁에 먹었다면 잠에서 깰 정도
   로 한밤중에 갈증을 느끼는데, 깨어날 때까지 물을 마시는 꿈을 반복해서
   계속 꾼다고 한다. 그리고 잠에서 깨어나 실제로 물을 마셔야 한다고 했
   다. 이런 꿈을 세분화해서 소원-꿈, 편의-꿈, 갈증-꿈이라는 이름을 붙이
   기도 했다(지크문트 프로이트, 김인순 옮김, 《꿈의 해석》, 열린책들, 2004,
   163~166쪽).

7 버네스 무어 편저, 같은 책, 82쪽.

8 에릭 애크로이드, 김병준 옮김, 《심층심리학적 꿈 상징 사전》, 한국심리치
   료연구소, 1997, 14~19쪽

―――――――――― 5 통합 ――――――――――

1 김수영, 〈풀〉, 《김수영 전집》, 민음사, 2018; '풀' 님 이야기는 이 시에서 발
   상을 얻었다.

2 생텍쥐페리, 김미성 옮김, 《어린왕자》, 인디고, 2006

3 멜라니 클라인은 분열과 통합을 '편집분열자리'와 '우울자리'라는 발달과 제로 설명하고 있다. 편집분열자리는 어떤 대상에게서 좋은 면만 보고 나쁜 면은 보지 않거나, 나쁜 면만 보고 좋은 면은 보지 않으려는 분열이 특징이다. 이와 달리 우울자리는 어떤 대상에게서 좋은 면도 나쁜 면도 있음을 인정하고 통합하려는 태도가 특징이다(R. D. 힌셜우드, 이재훈 옮김, 《임상적 클라인》, 한국심리치료연구소, 2006, 121쪽).

4 마이클 가자니가, 박인균 옮김, 《왜 인간인가》, 추수밭, 2009, 245쪽

5 줄리아 시걸, 김정욱 옮김, 《멜라니 클라인》, 학지사, 2009, 267~268쪽

6 할레드 호세이니, 왕은철 옮김, 《그리고 산이 울렸다》, 현대문학, 2013

7 김기현, 〈비오는 날〉, 《백화문학》(34집), 한국문인협회 문경지부, 2006

---

6 고통

1 C. S. 루이스는 육체적인 것이든 정신적인 것이든 당사자가 싫어하는 모든 경험을 고통이라고 정의했다. 그리고 고통은 영혼들이 서로 마주치는 세계의 존재 그 자체에 이미 내재되어 있다고 한다. 인간들이 겪는 고통의 5분의 4는 그런 데서 비롯된다는 것이다. 고문과 채찍, 감옥과 노예, 총과 총검과 폭탄도 그렇고, 가난과 과로도 탐욕과 어리석음 때문에 생긴다고 했다(C. S. 루이스, 이종태 옮김, 《고통의 문제》, 홍성사, 2005, 149~151쪽).

2 '통증' 님 이야기는 무라카미 하루키의 소설 《태엽 감는 새》에서 빌려와 개작했다.

3 캐서린 콜린 외, 이경희 외 옮김, 《철학의 책》, 지식갤러리, 2011, 47쪽,

229쪽

4 도스토옙스키, 오재국 옮김,《죄와 벌》, 삼성출판사, 1992; 오재국 해설
   참조

5 어빙 D. 얄롬, 최웅용 외 옮김,《치료의 선물》, 시그마프레스, 2005, 137쪽

6 알렉산드르 솔제니친, 이영의 옮김,《이반 데니소비치, 수용소의 하루》,
   민음사, 1998, 60쪽; 단, 필자가 행갈이한 것이다.

들어줄게요, 당신이 괜찮아질 때까지

지은이 | 전미정

1판 1쇄 발행일 2019년 2월 18일

발행인 | 김학원
편집주간 | 김민기 황서현
기획 | 문성환 박상경 임은선 김보희 최윤영 전두현 최인영 정민애 이문경 임재희 이효온
디자인 | 김태형 유주현 구현석 박인규 한예슬
마케팅 | 김창규 김한밀 윤민영 김규빈 송희진 김수아
저자·독자서비스 | 조다영 윤경희 이현주 이령은(humanist@humanistbooks.com)
제작 | 이정수
용지 | 화인페이퍼
인쇄 | 삼조인쇄
제본 | 정민문화사

발행처 | (주)휴머니스트 출판그룹
출판등록 | 제313-2007-000007호(2007년 1월 5일)
주소 | (03991) 서울시 마포구 동교로23길 76(연남동)
전화 | 02-335-4422 팩스 | 02-334-3427
홈페이지 | www.humanistbooks.com

ⓒ 전미정, 2019

ISBN 979-11-6080-201-6 03180

• 이 도서의 국립중앙도서관 출판예정도서목록(CIP)은 서지정보유통지원시스템 홈페이지(http://seoji.nl.go.kr)와 국가자료공동목록시스템(http://www.nl.go.kr/kolisnet)에서 이용하실 수 있습니다.(CIP제어번호 CIP2019001932)

• 이 저서는 2015년 정부(교육부)의 재원으로 한국연구재단의 지원을 받아 수행된 연구임(NRF-2015S1A6A4A01013943)

만든 사람들
편집주간 | 황서현
기획 | 최윤영(cyy2001@humanistbooks.com)
편집 | 박민영
디자인 | 박인규